EDSON LUIZ SAMPEL

NOÇÕES DE DIREITO CONSTITUCIONAL CANÔNICO

EDITORA
SANTUÁRIO

Coordenação editorial: Ana Lúcia de Castro Leite
Revisão: Sofia Machado
Diagramação e Capa: Mauricio Pereira

Dados Internacionais de Catalogação na Publicação (CIP) de acordo com ISBD

N758 Noções de direito constitucional canônico / Edson Luiz Sampel. - Aparecida, SP : Editora Santuário, 2020.
136 p. ; 14cm x 21cm.

Inclui bibliografia.
ISBN: 978-65-5527-029-7

1. Direito constitucional. 2. Direito constitucional canônico. I. Sampel, Edson Luiz. II. Título.

CDD 342
2020-08-1735 CDU 342

Elaborado por Vagner Rodolfo da Silva - CRB-8/9410

Índice para catálogo sistemático:

1. Direito constitucional 342
2. Direito constitucional 342

1ª impressão

Rua Padre Claro Monteiro, 342 — 12570-000 — Aparecida-SP
Tel.: 12 3104-2000 — Televendas: 0800 0 16 00 04
www.editorasantuario.com.br
vendas@editorasantuario.com.br

SUMÁRIO

PREFÁCIO

Elaborar uma tratativa referente ao direito constitucional da Igreja ou *direito constitucional canônico* poderia, a princípio, parecer algo com conteúdo certamente abstrato ou deveras incomum. Na verdade, como bem sabemos, na Igreja inexiste uma constituição, na acepção moderna que contém esse termo, ou seja, não há uma carta constitucional, embora isso foi até mesmo pensado. Contudo, após a tentativa de se dar à Igreja a *Lex Ecclesiae Constitutionalis*, que nada mais era do que verdadeira carta constitucional, o supremo legislador, que na ocasião era são Paulo VI, decidiu não ir adiante com tal projeto, pois afirmava com veemência: "a constituição da Igreja é conjuntamente pneumática e institucional (...), a Igreja-instituição é ao mesmo tempo intrinsicamente espiritual, sobrenatural" (Discurso ao Congresso Internacional de Direito Canônico de Milão em 1972: *Communicationes* 5 [1973], 126). Quando se diz que a Igreja é instituição, se quer entender a realidade jurídica da mesma, não a inteira realidade eclesial, a qual é realidade social. A Igreja considerada como realidade social inclui quer o elemento pneumático quer o jurídico.

Não podemos, na realidade, prescindir do fato de que a Igreja é sociedade teândrica, pois: *ubi homo, ibi societas; ubi societas, ibi ius*, e é exatamente por esse motivo que nela existe um ordenamento jurídico, pois uma sociedade sem lei torna-se anárquica ou ditatorial. Cristo fundou a Igreja com natureza totalmente especial. Portanto, a estrutura da Igreja supera grandemente a estrutura de todas as sociedades humanas, porém, alguns elementos da Igreja, ou seja, os elementos jurídicos, embora participem da natureza da Igreja e sejam diversos dos elementos jurídicos das outras sociedades, têm algo de comum. São, então, diferentes na "natureza", mas coincidem na "função".

A Igreja, indubitavelmente, tem verdadeira e própria constituição interna, diríamos, constituição em sentido substancial (material e formal), que a distingue de todas as outras sociedades e instituições de índole meramente humana. Então, em nosso caso, seria abstração falar de direito constitucional no significado que tem na doutrina jurídica do Estado, ou seja, entendido como explicação de um texto ou carta constitucional. Não obstante, é válido considerar o direito constitucional da Igreja, entendido como explicação da própria constituição ou estrutura essencial, em seu aspecto jurídico, embora possa ser considerado pelos estudiosos uma coisa nova.

Na dimensão de uma constituição, em sentido instrumental ou legal, bem concretamente, chegou-se até mesmo a elaborar um texto denominado *Lex Ecclesiae Fundamentalis* (LEF), que veio a lume após vários projetos, não sendo, contudo, jamais promulgado. Sem embargo, muitas de suas normas foram recebidas nos vigentes *Codex Iuris Canonici* e *Codex Canonum Ecclesiarum Orientalium*, especialmente no contexto dos cânones referentes ao estatuto fundamental do fiel, conforme ressalta o autor do livro, ora prefaciado.

O autor deste livro, que tenho a honra de apresentar, tendo a formação jurídico-civil inicial, enveredou-se há muito tempo, como professor doutor, no campo jurídico-canônico, sendo inclusive autor de outras obras que fazem mais próxima a ciência jurídico-canônica, em vernáculo, para maior número de leitores, dando seu contributo para o maior conhecimento, facilitando, assim, a acessibilidade à ciência por tudo o que com grande propriedade escreve.

O título desta obra, *Noções de Direito Constitucional Canônico*, já nos fornece com evidência qual seja o real intuito do autor que, indubitavelmente, deseja explanar os conhecimentos ou ideias básicas sobre o direito constitucional. Encontraremos aqui, então, o que é basilar para entender o direito constitucional canônico, tendo o autor dividido a explanação em três momentos.

No primeiro capítulo, o autor vai indicar as noções gerais de direito constitucional canônico, partindo das explicações dos termos com base nos dicionários, distinguindo as acepções, para identificar precisamente o quer deixar perceptível no âmbito do constitucional canônico; assinala, pois, o projeto da *Lex Ecclesiae Fundamentalis* e os fundamentos que o referido projeto recebeu como legado do Concílio Ecumênico Vaticano II, que deixou como herança inserida no *Codex Iuris Canonici* vigente.

No segundo capítulo, encontramos as noções gerais de direito natural, magistralmente definido por Daniel Cenalmor: "parte da lei natural escrita por Deus no coração do homem (Rm 2,15), que se refere às relações de justiça; ou, com definição mais precisa: o conjunto de fatores jurídicos inerentes à natureza humana que operam na ordem natural". O cristão é chamado a viver na sociedade civil, tendo como fundamento de conduta o direito natural e também o direito da Igreja, não dando espaço a contradições.

No terceiro capítulo adentramos na tratativa daqueles que são os membros da Igreja, que concretamente são *Christifideles*, fiéis de Cristo, no quais encontramos três estados de vida: o laical, o religioso e o clerical e duas condições pessoais, a laical e a clerical. Por meio do batismo, a porta dos sacramentos (*ianua sacramentorum*), tornamo-nos cristãos, gerados pelo Espírito Santo, que nos oferta a condição de filhos e membros da Igreja, una, santa, católica e apostólica, podendo permanecer como fiéis de Cristo enquanto leigos, como é o autor desta obra. Mas, há fiéis de Cristo chamados a professar os conselhos evangélicos, na imitação de Cristo, obediente, casto e pobre, vivendo no estado religioso, como é o prefaciador deste livro. E temos outros fiéis de Cristo chamados ao ministério sacerdotal, por meio do sacramento da ordem, a qual possui três graus, que não são degraus, mas correspondem à dinâmica sacramental do serviço de comunhão. As duas condições pessoais dos três estados de vida são a condição de fiel de Cristo leigo e fiel de Cristo clérigo.

Meus auspícios é que a leitura de *Noções de Direito Constitucional Canônico* conduza o leitor a aprofundar o conhecimento das riquezas da Igreja de Jesus Cristo no âmbito jurídico-canônico e o faça anunciador da boa nova de que ela é portadora.

A obra é relevante e de grande valia para o nosso Brasil, tão carente de textos no âmbito de todo o direito da Igreja.

Prof. dr. dom Hugo C. da S. Cavalcante, OSB
Vigário judicial da Arquidiocese de Uberaba e
presidente do Tribunal Eclesiástico Interdiocesano
de Uberaba
Secretário-geral da Sociedade Brasileira de Canonistas
(SBC)

INTRODUÇÃO

Quando, há mais de dois mil anos, Jesus Cristo fundou a Igreja católica, a constituição canônica ou lei jurídica fundamental já estava delineada. O divino fundador lançou as bases jurídicas da conspícua sociedade do novo testamento. A eleição dos doze apóstolos, fato histórico inconteste, corroborado inclusive por estudiosos acatólicos, demonstra a intenção do salvador de que o evangelho e os sete sacramentos se comunicassem aos homens de todas as gerações, até o fim do mundo.

A Igreja católica, sociedade visível, instituída pelo próprio Deus, caminha, ao largo dos séculos, sob o governo dos sucessores de São Pedro, o primeiro Papa. De fato, expressivo a este respeito o cânon 204 do CIC, de matriz constitucional, ao estatuir, arrimado no Concílio Vaticano II, que a Igreja "constituída e organizada neste mundo como sociedade, subsiste na Igreja católica, governada pelo sucessor de Pedro e pelos bispos em comunhão com ele". Deveras, os bispos são os sucessores daqueles apóstolos escolhidos por Jesus Cristo. Assim, concluímos que tais assertivas "constitucionais" não dependem de fé religiosa, porquanto a história profana no-las confirma, sobretudo o elenco ininterrupto de Papas, desde São Pedro, até Francisco, sem solução de continuidade.

O tema deste livro toca à constituição da Igreja, isto é, à estrutura jurídica básica que o divino fundador teve e tem em mente a propósito de sua insigne esposa, a *Ecclesia*, para o cumprimento da missão de salvar os homens, pois "a salvação das almas é a lei suprema da Igreja", conforme atesta o último cânon do código canônico (CIC), o cânon 1752, outrossim de natureza constitucional. Se nosso Senhor quis dar continuidade ao trabalho que encetou durante mais ou menos três anos de vida pública, era mister edificar sociedade concreta e histórica e, por conseguinte, as leis se tornam imprescindíveis. Afinal de contas, *ubi societas, ibi ius*. Contudo, a constituição canônica corresponde ao regramento básico e congrega as normas essenciais e – por que não dizê-lo? – as únicas realmente imprescindíveis para a sustentação da Igreja enquanto sociedade ou povo de Deus juridicamente organizado.

Sempre à guisa de introdução, projeto desta obra, estudaremos o direito constitucional canônico, vale dizer, as normas jurídicas e instituições fundamentais e de hierarquia superior às outras leis da Igreja, ou, em outras palavras, investigaremos o "(...) conjunto de normas de natureza divina que perfazem a chamada 'lei fundamental' (constituição) da Igreja católica". A título de esclarecimento, traçaremos paralelo entre a constituição da Igreja e a constituição do Estado. O referido expediente, com as devidas ressalvas, porá às claras a diferença radical e qualitativa entre a constituição canônica e as leis eclesiásticas infraconstitucionais, como, por exemplo, os dois códigos canônicos em vigor, mostrando que tal como se dá no âmbito do Estado, no grêmio da Igreja, a legislação infraconstitucional igualmente necessita se colocar em harmonia com os ditames da constituição, sob pena de eventual contraste implicar a ocorrência do fenômeno jurídico denominado "inconstitucionalidade" de determinada lei (em sentido lato) eclesiástica, o que importa na invalidade da lei infraconstitucional ou humana que atritar a constituição canônica.

Interessante reparar que na seara civil, a constituição federal emana do povo. Elabora a "carta magna" a chamada "assembleia constituinte", eleita exclusivamente para legislar a *lex legum*, criando, destarte, novo Estado. Por outro lado, a constituição da Igreja deflui da mente de nosso Senhor Jesus Cristo e, por conseguinte, esta lei máxima possui a natureza de direito divino positivo. Não são os leigos nem os eclesiásticos que legiferam a constituição canônica!

Na presente obra, de caráter preambular, debruçar-nos-emos nos pontos nevrálgicos dos múnus constitucionais desempenhados pelos membros da Igreja, isto é, os papéis desenvolvidos por leigos e clérigos; ou, em outras palavras, a missão dos batizados neste "vale de lágrimas". O Estado, sociedade política, busca o bem comum. A Igreja de nosso Senhor Jesus Cristo, sociedade religiosa, objetiva o bem comum sobrenatural ou escatológico. Os cristãos reconhecem-se como viajores na terra e comungam a certeza de que a felicidade autêntica só se fruirá no céu. Nada obstante, os discípulos de Cristo, também cidadãos, pelejam por um mundo melhor, mais humano e justo, pois, de certo modo, o céu começa na terra.

CAPÍTULO 1

NOÇÕES GERAIS DE DIREITO CONSTITUCIONAL CANÔNICO

1. Nomenclatura

"Direito eclesial constitucional" ou "direito constitucional canônico". Trata-se de duas nomenclaturas equivalentes. Na primeira forma, enfatiza-se o fato de a constituição pertencer à Igreja (eclesial); na segunda forma, com o epíteto "canônico", frisa-se o fenômeno da canonização do direito divino (*canonizatio*).

2. Definição

Podemos pensar em duas espécies de definição. A primeira reporta-se ao direito constitucional canônico enquanto "norma objetiva", donde deriva a "faculdade subjetiva" (*norma agendi*, *facultas agendi*). A segunda diz respeito ao direito constitucional canônico como "ciência" (epistemologia jurídica). É importante esse discrime para o canonista, porque uma coisa é o direito posto e algo distinto a ciência ou sobrelinguagem a respeito deste direito positivado. Além disso, conforme explica Eduardo Molano, "(...) a distinção é necessária, vez que, como acabamos de dizer, a origem do direito constitucional – no *status* de ciência – é muito recente, enquanto que, se o consideramos como parte da ordem jurídica no qual consiste o direito da Igreja, o direito constitucional canônico tem existido sempre, desde a fundação da Igreja e, portanto, desde que se possa falar propriamente da existência de um direito canônico".[1]

O direito posto se manifesta mediante linguagem *prescritiva* (prescreve comportamentos[2]), ao passo que a ciência do direito canônico se exterioriza por meio de linguagem *descritiva* (descreve normas jurídicas). O presente trabalho, é claro, dada sua natureza acadêmica, privilegia a abordagem epistemológica ou científica do direito constitucional canônico.

Ao lume destes esclarecimentos, é-nos lícito, então, forjar duas definições de direito constitucional canônico. Ei-las:

3. Definição no sentido objetivo ou normativo

"Direito eclesial constitucional ou direito constitucional canônico é o conjunto de normas de natureza divina que perfazem a chamada 'lei fundamental' (constituição) da Igreja católica."

4. Definição no sentido epistemológico ou científico

"Direito eclesial constitucional ou direito constitucional canônico é o ramo do direito canônico que estuda as normas ou princípios de direito divino que compõem a lei fundamental da Igreja católica."

---

[1] MOLANO, Eduardo. *Derecho Constitucional Canónico*, EUNSA, Pamplona, 2013, p. 26.

[2] Não é da índole da lei, estatal ou canônica, definir ou exortar. De fato, a lei tem de apresentar comandos, ordens; é da essência da lei *prescrever* o comportamento social adequado. No código canônico (CIC), entretanto, existem normas com caráter exortativo ou conceitual. Neste diapasão, por exemplo, o cânon 210 *exorta* os fiéis a empenhar as forças a fim de levar vida santa e promover o crescimento da Igreja e da contínua santificação dela. Não se pode asseverar que essa norma seja rigorosamente jurídica. Cuida-se de disposição de ordem ascética, cujo cumprimento não pode ser coativamente exigido do fiel. Veja, também, outro exemplo, no cânon 879, *definindo* o sacramento da crisma (Edson L. Sampel, *in* "Resumo de Direito Canônico", Editora Santuário, Aparecida, 2014, p. 35).

Igualmente oportuna estoutra definição:

> "Direito constitucional canônico é o conjunto de *conhecimentos científicos* de caráter sistemático cujo objeto é precisamente essa mesma parte do ordenamento canônico".[3]

5. Significado do termo "constituição"

O vocábulo "constituição" advém do substantivo latino *constitutio*. As análises denotativa e etimológica revelam-se assaz úteis para a ciência do direito. Desta feita, o dicionarista Aurélio Buarque de Holanda apresenta as seguintes acepções no verbete "constituição":

> "**Constituição**(u-i). [Do lat. *constitutione.*] Substantivo feminino.
> 1. Ato de constituir, de estabelecer, de firmar.
> 2. Modo pelo qual se constitui uma coisa, um ser vivo, um grupo de pessoas; organização, formação.
> 3. Lei fundamental e suprema dum Estado, que contém normas respeitantes à formação dos poderes públicos, forma de governo, distribuição de competências, direitos e deveres dos cidadãos etc.; carta constitucional, carta magna.
> 4. Conjunto de normas reguladoras de uma instituição, corporação etc.; estatuto. [Sin., nas acepç. 3 e 4: *carta.*]
> 5. Biotip. O conjunto das características anatômicas, funcionais reacionais e psíquicas que marcam um indivíduo.
> 6. P. ext. A constituição (5) física de um indivíduo; compleição (...)"[4]

[3] MOLANO, Eduardo. *Derecho Constitucional Canónico*, EUNSA, Pamplona, 2013, p. 27, *in fine* (itálico do autor).

[4] BUARQUE DE HOLANDA, Aurélio. *Novo Aurélio – Século XXI – Dicionário da Língua Portuguesa*, Nova Fronteira, Rio de Janeiro, 1999, p. 536.

Dentre as acepções denotativas referidas anteriormente, interessam-nos sobremaneira as de número 1 a 4. Vejamos, agora, a definição etimológica de "constituição". Os grandes etimologistas do idioma pátrio, Antenor Nascentes e Silveira Bueno, não destrincham a palavra em apreço. Sem embargo, socorre-nos Molano com base no cognato castelhano *constitución*, explanando que "constituição procede do verbo latino *constituere* (*cum-statuere*, estabelecer ou pôr juntos), do qual deriva o substantivo *constitutio*". Escreve Molano:

> "Este termo [constituição] tem significado geral que se refere à composição de um ser que tem diversos elementos, a um todo composto de diferentes partes, a uma estrutura com vários níveis que pode estar mais ou menos organizada".[5]

Em sentido comum, todos os objetos têm estrutura, conformação, isto é, certa *constituição*. Neste passo, examinamos uma poltrona e descrevemos sua estrutura, seu ser. Empregaremos, então, a palavra *constituição* no significado número 2 do verbete supracitado: modo pelo qual se constitui uma coisa, um ser vivo etc.

O conceito jurídico de *constituição* leva em conta o alicerce filológico ora examinado e, deveras, subsiste analogia entre, *v.g.*, a *constituição* do corpo humano e a constituição do Estado e até, mais adequadamente, entre a *constituição do corpo humano* e a *constituição* da Igreja, a qual é o *corpo místico* de nosso Senhor Jesus Cristo.[6]

Para o civilista Celso Bastos, "a constituição é a particular maneira de ser do Estado".[7] Nada obstante, não existe paralelismo axiológico entre a constituição estatal e a constituição da Igreja.

---

[5] MOLANO, Eduardo. *Derecho Constitucional Canónico*, EUNSA, Pamplona, 2013, p. 25.

[6] Rm 12,5. Constituição dogmática *Lumen gentium*, 7.

[7] BASTOS, Celso. *Curso de Direito Constitucional*, Saraiva, São Paulo, 1988, p. 38.

Cuida-se de realidades jurídicas completamente diferentes. Contudo, em virtude da analogia lógica que ocorre entre os dois tipos de constituição, é convinhável apresentarmos um conceito de *constituição* estatal. Desta feita, declinamos a seguinte definição, da lavra de José Afonso da Silva:

> "A *constituição do Estado*, considerada sua lei fundamental, seria, então, a organização dos seus elementos essenciais: *um sistema de normas jurídicas, escritas e costumeiras, que regula a forma do Estado, a forma de seu governo, o modo de aquisição e o exercício do poder, o estabelecimento de seus órgãos, os limites de sua ação, os direitos fundamentais do homem e as respectivas garantias. Em síntese, a constituição é o conjunto de normas que organiza os elementos constitutivos do Estado*".[8]

A *constituição*, assim a do Estado como a da Igreja, é a *lex legum* (lei das leis), porquanto todas as outras leis precisam estar em congruência com ela. Na mesma trilha se posiciona Molano, discorrendo acerca da primazia do direito constitucional canônico:

> "A esta primazia do direito constitucional – enquanto direito divino – sobre o resto do ordenamento jurídico poderíamos chamar também nós de *princípio de constitucionalidade*, entendido como aquele princípio que manifesta a função constitucional que o direito divino realiza a respeito do direito eclesiástico humano".[9]

Veremos, a seu tempo, o quanto de *direito natural* e, portanto, de *direito divino*, se corporificou na constituição do Estado, par-

---

[8] SILVA, José Afonso da. *Curso de Direito Constitucional Positivo*, Malheiros, São Paulo, 2000, páginas 39 e 40.

[9] MOLANO, Eduardo. *Derecho Constitucional Canónico*, EUNSA, Pamplona, 2013, p. 35.

ticularmente na regulação dos direitos fundamentais do homem. Por ora, com suporte no escólio de José Afonso da Silva, tracemos um quadro sinótico entre a constituição do Estado e a constituição da Igreja.

6. Comparação entre a constituição da Igreja e do Estado

a) Normas escritas ou costumeiras

A constituição estatal, também denominada de "carta política", ou, ainda, *charta magna*, de fato, integra-se de normas escritas ou costumeiras. A Constituição do Brasil é escrita e foi promulgada em 5 de outubro de 1988. O direito no Brasil é de *base romanística*, por isso, é escrito e não costumeiro ou consuetudinário. Na Inglaterra, por exemplo, o direito é costumeiro (*common law*) e não prepondera a lei escrita. No que toca à constituição britânica, que outrossim é costumeira ou consuetudinária, ela se espraia no ordenamento jurídico como um todo, cabendo ao operador do direito ou intérprete localizar as regras de teor constitucional, as quais prevalecem sobre as outras normas jurídicas.

Relativamente à constituição da Igreja ou *lex fundamentalis*, deparam-se *normas* (princípios) tanto escritas quanto não escritas. Inobstante, não é escorreito asseverar que a lei fundamental da Igreja, *no seu nascedouro*, dispõe de parcela costumeira ou consuetudinária de normas (a porção não escrita), uma vez que o *costume*[10] não é *fonte primária* da normatividade constitucional na Igreja. Como vimos anteriormente, a constituição da Igreja é o conjunto de normas de natureza divina. Na verdade, mais que *normas*, compõem a constituição da Igreja certos *princípios* de direito

[10] Verificaremos que certos princípios de direito divino se converterão em costumes e em normas jurídicas, em virtude da ação conjunta do povo de Deus.

divino positivo, porquanto "(...) nos primeiros momentos da vida da Igreja, o direito constitucional se identifica com os princípios de direito divino (...)".[11]

Observamos certa similitude entre a constituição da Igreja e as constituições estatais costumeiras (não escritas), porquanto a Igreja também não conta com uma *constituição formal*, vez que o direito constitucional canônico se esparge pelo ordenamento jurídico eclesial. Nos dois códigos canônicos há determinados cânones de direito divino, conseguintemente, de matriz constitucional. Compete ao operador do direito canônico identificar os referidos cânones. Além disso, a fonte primária do direito constitucional é a *revelação divina*, a qual sabemos que se manifestou por dois *canais* distintos, a saber: a tradição sagrada e a bíblia sagrada.[12]

b) Objeto das constituições

A constituição do Estado contém as normas supremas que erigem um país, uma nação. A estrutura básica do Brasil se localiza na constituição da República. Nessa lei maior se divide o poder – que emana do povo – em legislativo, executivo e judiciário. Demais, estatuem-se os direitos fundamentais da pessoa humana, porque a causa final do Estado é o bem comum. A cidade-estado do Vaticano também goza de uma constituição escrita, bem parecida com a constituição dos outros Estados, mas que não é a constituição da Igreja católica.

Na Igreja, a constituição advém, principalmente, da *vontade e dos gestos fundacionais* de nosso Senhor Jesus Cristo, o divino fundador da sociedade eclesial, isto é, da Igreja católica. Sem embargo, como

[11] *Ibidem*, p. 27.

[12] Constituição dogmática *Dei verbum*, n. 9.

estamos falando de *sociedade visível* (povo de Deus), composta de homens, obviamente haverá semelhanças nas configurações jurídicas da sociedade política (Estado) e da sociedade eclesial (Igreja). A *constituição* da Igreja ou *direito constitucional canônico* igualmente *cria* a estrutura da sociedade eclesial, delimitando o exercício do poder (*sacra potestas*), com vistas na *palavra divina* e nos *sacramentos*, quais bens augustíssimos à disposição da humanidade. A lei fundamental ou constituição canônica, semelhantemente à constituição do Estado, preceitua o "estatuto jurídico dos fiéis" (no Estado: cidadãos). Assim, por exemplo, os cânones do código canônico de rito latino (CIC), que regulam as obrigações e direitos de todos os fiéis (*De omnium christifidelium obligationibus et iuribus*), são normas embasadas no direito divino positivo e integrám a constituição da Igreja.[13] Todavia, na Igreja o poder (*sacra potestas*) não emana do povo, como no Estado, mas emana de Deus, que fundou a Igreja católica. Nada obstante, isso não impede que na estrutura da Igreja se preveja a *distinção funcional* do poder, consoante reza o cânon 135 do CIC.[14] Curioso observar que esse cânon elenca os "poderes", trilhando a mesma sequência das constituições estatais: *legislativo*, *executivo* e *judiciário*. Para o Estado essa ordem é sumamente relevante, já que o *legislativo* é o poder mais importante para a sociedade política, exercido pelos que, escolhidos pelo povo, elaboram as leis (vereadores, deputados e senadores), que terão de ser cumpridas por todos os cidadãos. O *executivo* é o segundo poder mais importante, em razão de seus titulares (prefeitos, governadores e presidente), os quais têm o múnus de viabilizar o implemento das leis, serem eleitos pelo povo. Desta feita, os dois poderes primeiramente elencados

[13] Na verdade, o rol de obrigações e direitos destes cânones compunham o malogrado projeto da *Lex Fundamentalis Ecclesiae*, jamais promulgada.

[14] Tradução da cabeça do cânon 135 do CIC: "O poder de regime se distingue em legislativo, executivo e judiciário".

(*legislativo e executivo*) são os mais importantes em vista de emanarem diretamente do povo, que elege os exercentes dos mencionados poderes. O poder *judiciário*, no sistema pátrio, é incumbência de cidadãos concursados, ou seja, os juízes.

Referentemente à realidade eclesial, consoante o preceito do cânon 135 do CIC, não se cuida de *três poderes*, mas de único poder (*sacra potestas*), exercido primordialmente pelo pontífice romano, no âmbito da Igreja universal e pelo bispo diocesano, na esfera da Igreja particular. O bispo não pode delegar a *função* legislativa, porém, é-lhe lícito delegar as *funções* executiva (vigário-geral) e judiciária (vigário-judicial).[15]

Mesmo em face de os países modernos haverem adotado a doutrina tripartite do poder estatal, desenvolvida por Montesquieu, os constitucionalistas, *grosso modo*, afirmam que o *poder*, na verdade, é *uno*. Sem embargo, na Igreja católica não vige a independência entre os poderes, prefigurada no sistema de *freios e contrapesos* ("checks and balances"). Em síntese, explicitemos que o fim do Estado, instrumentalizado na constituição política, é o *bem comum* e o fim da Igreja, juridicizado na sua constituição ou lei fundamental, é a salvação das almas (*salus animarum*).

7. Classificação da constituição da Igreja ao lume da teoria geral do direito constitucional

a) Quanto ao conteúdo (material ou formal)

Dizemos que a constituição canônica é *material*, e não *formal*, pois ruiu o projeto, encabeçado desde o Concílio Vaticano II, de se promulgar uma "Constituição da Igreja católica" (*Lex Ecclesiae Fun-*

[15] Cânon 135, §§ 2º, 3º e 4º

damentalis), nos moldes das constituições estatais, vale dizer, constituição escrita que se diferenciasse dos códigos canônicos e, é lógico, estivesse hierarquicamente acima deles e de quaisquer leis jurídicas da Igreja, *ex vi* do princípio de *constitucionalidade*.[16] No entanto, a constituição da Igreja externa-se mediante diversos dispositivos dos códigos canônicos em vigor, dispositivos esses *materialmente* constitucionais.

b) Quanto à forma (escrita ou não escrita)

Apesar de não existir na Igreja constituição no sentido *formal*, há normas escritas de cunho constitucional ou fundamental, em razão de sua origem no direito divino positivo, reproduzidas escrituralmente nos códigos canônicos vigentes. Mas, como estudamos, a constituição eclesial se caracteriza pelo conjunto de *princípios* sacados do direito divino positivo, exsurgindo, destarte, normas constitucionais não escritas.

c) Quanto ao modo de elaboração (dogmática ou histórica)

A constituição dogmática é elaborada por órgão constituinte ou *assembleia constituinte*, isto é, colégio de representantes do povo, cometido do específico mister de edificar o Estado, com fulcro em alguns *dogmas* ou ideias fundamentais dominantes no momento. Assere-se que a cada constituição surge novo Estado. A constituição, diz-se, desencadeia revolução incruenta. Na hipótese da Igreja, a constituição ou lei fundamental tem contornos nitidamente históricos; a Igreja católica irrompe na história da humanidade há dois mil anos e, desde então, provê-se de constituição "outorgada" por Jesus Cristo. Eis a lição de Molano a respeito dessa temática:

---

[16] MOLANO, Eduardo. *Derecho Constitucional Canónico*, EUNSA, Pamplona, 2013, p. 35.

> "Enquanto ordem jurídica, o direito constitucional forma parte do direito da Igreja desde a fundação dela, desde que a Igreja existe como instituição social dotada por Cristo de uma constituição divina".[17]

Além disso, a constituição eclesial é histórica, em razão do fenômeno da canonização (*canonizatio*) paulatina e progressiva do direito divino positivo, pela "ação constituinte" do povo de Deus governado por São Pedro e pelos apóstolos e, atualmente, pelo pontífice romano e pelos bispos. Rigorosamente falando, no entanto, afirmamos que "(...) a Igreja não tem poder constituinte: ela recebe de Cristo sua constituição, para que a conserve e transmita fielmente, interpretando-a com compreensão sempre maior por força da assistência do Espírito Santo"[18], conforme se explicava numa das objeções ao projeto de lei fundamental. Assim, o poder constituinte pertence somente ao divino fundador da Igreja. Como veremos com mais vagar, Jesus erigiu a Igreja sobre São Pedro, escolheu os apóstolos, proclamou a palavra e instituiu os sete sacramentos. Eis os elementos constitucionais da sociedade criada por nosso Senhor. Todavia, é importante acrescentar que a constituição da Igreja compreende as *normas jurídicas* fundamentais. Não se enquadra no conceito de constituição jurídica qualquer matéria essencialmente teológica e não canônica ou jurídica.

d) Quanto à estabilidade (rígida, flexível e semirrígida)

A constituição da Igreja, qual conjunto de princípios de direito divino, só pode ser *rígida*, já que a palavra de Deus é imutável em todos os aspectos e, à luz do princípio da constitucionalidade, acima

---

[17] *Ibidem*, p. 27.

[18] ROSA, Luigi. *A "Lex Ecclesiae Fundamentalis"*, *in* "Problemas e Perspectivas de Direito Canônico" (org.: Ernesto Cappellini). Edições Loyola, São Paulo, 1995, p. 57.

reportado, as normas constitucionais têm supremacia sobre as outras normas canônicas. É incompatível com o direito constitucional canônico a teoria segundo a qual *todas as normas* da constituição se revogam por leis meramente eclesiásticas, ainda que emanadas do pontífice romano[19] (constituição flexível) ou que *determinadas normas* constitucionais sejam passíveis de alteração por força de preceito oriundo do direito eclesial humano (constituição semirrígida).

A alteração da lei ou norma constitucional, ou mesmo sua criação, implica procedimento árduo e solene. Com efeito, bastante esclarecedora a lição de Javier Hervada:

> "(...) as leis constitucionais se distinguem por seu mais árduo e solene processo formativo ou de revisão. Tais normas, em lugar de serem emanadas ou revisadas por órgãos legislativos normais, com método ordinário de trabalho, são formuladas ou por órgãos legislativos especiais estabelecidos com esta incumbência, ou por órgãos legislativos normais, mas, segundo procedimento distinto do ordinário. Assim, consegue-se sua maior estabilidade e protegê-las mais frequentemente contra possíveis veleidades do legislador ordinário".[20]

Entenda-se por "legislador ordinário" o bispo diocesano, porque o sumo pontífice, supremo legislador, pode sempre alterar as leis eclesiásticas, como os códigos canônicos, desde que, é claro, respeite os preceitos de direito divino. Mas, na prática, eventual alteração no direito constitucional será precedida da solenidade e do procedimento mais árduo, referidos por Hervada. Tais expedientes visam a proteger a incolumidade da constituição da Igreja.

---

[19] Por exemplo, seria *inconstitucional* ou inválido um decreto do Papa que delegasse a competência para a dispensa apostólica nos casos de matrimônio *ratum sed non consumatum*, pois o múnus de conceder a dispensa referida é exclusivo do vigário de Cristo, a teor do chamado *poder das chaves*.

[20] HERVADA, Javier. Elementos de Derecho Constitucional Canónico, Eunsa, Pamplona, 2014, p. 31.

8. Controle da constitucionalidade

Segundo Hervada, cabe ao poder judiciário da Igreja controlar a constitucionalidade das normas jurídicas ordinárias. Como vimos, todas as normas jurídicas ordinárias ou infraconstitucionais têm de se subordinar à constituição, isto é, não pode haver antinomia entre a constituição e qualquer lei ordinária, pois, em última análise, as leis ordinárias existem para o cumprimento da constituição.

Problema interessante, não resolvido por Hervada, é saber que órgão do poder judiciário da Igreja estaria apto a exercer o controle da constitucionalidade. É óbvio que os inúmeros tribunais eclesiásticos, cortes preponderantemente matrimoniais, não gozam da competência de exercitar o mencionado controle, não por serem sodalícios que julgam casamentos, mas por estarem atrelados ao bispo diocesano. Com efeito, no meu modo de ver, o necessário controle da constitucionalidade das leis infraconstitucionais está a cargo precipuamente do Tribunal da Assinatura Apostólica, tribunal supremo da Igreja, vinculado ao pontífice romano. O advérbio "precipuamente" significa que outros dicastérios, como, por exemplo, o Tribunal da Rota Romana ou a Congregação para a Doutrina da Fé, estariam autorizados a adimplir o múnus de zelar pela constitucionalidade da lei, dependendo da matéria discutida.

9. Observações sobre o projeto de Lei Fundamental da Igreja (*Lex Ecclesiae Fundamentalis*)

Se repararmos nalgumas observações dos bispos a propósito do anteprojeto de lei fundamental, constataremos determinados equívocos. Segundo alguns sucessores dos apóstolos, a *Lex Ecclesiae Fundamentalis* (LEF) deveria conter os princípios teológicos nos quais se originam todas as leis canônicas.[21] Com todo respeito, não é da índole da lei, muito menos da lei constitucional, veicular princípios teológicos ou de qualquer natureza. Demais, correr-se-ia o risco de privilegiar certa corrente teológica em detrimento de outra.

Na verdade, houvesse vingado o projeto, acreditamos que a LEF necessitaria veicular, basicamente, as regras essenciais da constituição hierárquica da Igreja (papa, bispos) e os direitos e deveres dos leigos, na esteira do Concílio Vaticano II. Em poucos artigos, de forma clara, expor-se-ia a quintessência jurídica da Igreja católica com regramento a ser observado principalmente na feitura das leis canônicas, como, por exemplo, os códigos canônicos. Mas, é claro, a constituição escrita da Igreja cumpriria o papel precípuo que cabe a toda e qualquer constituição, vale dizer, corroborar, juridicamente, os direitos fundamentais e inalienáveis dos fiéis, incluindo a estrutura da sociedade eclesial.

Outros membros do episcopado propuseram ideias mui pertinentes ao conteúdo de uma constituição. É o que relata Rosa:

> "Na LEF é preciso explicitar com clareza: a) os direitos e deveres fundamentais de todos os cristãos; é necessário que a declaração dos direitos seja acompanhada da tutela adequada dos mesmos direitos; b) as funções e os organismos constitucionais que exercem a autoridade na Igreja, tanto no âmbito universal como no âmbito das Igrejas particulares. Em toda a presente matéria devem ser aplicados, entre outros princípios, a 'subsidiariedade' e a 'colegialidade'". [22]

[21] ROSA, Luigi. *A Lex Ecclesiae Fundamentalis,* in: Problemas e Perspectivas de Direito Canônico (org.: Ernesto Cappellini, Edições Loyola, São Paulo, 1995, p. 58.

[22] *Idem,* p. 61, *in fine.*

10. Tutela dos direitos constitucionais na Igreja

Não faria sentido, por exemplo, que a constituição federal do Brasil legitimasse o direito natural de ir e vir (direito de locomoção de qualquer indivíduo), se não existisse determinado mecanismo jurídico, o *habeas corpus*, que garantisse o exercício do aludido direito, sempre que injustamente ameaçado ou lesado.

Na santa Igreja, os direitos constitucionais dos fiéis também precisam ser protegidos. No entanto, o ordenamento canônico atual não especifica diversos "remédios processuais" para a salvaguarda dos respectivos direitos, como sói proceder o Estado, com o *habeas corpus*, o *habeas data* (para o acesso a informações negadas), o mandado de segurança (para o direito líquido e certo) etc. No grêmio da Igreja católica existe a previsão legal genérica de ajuizamento de demanda judicial com o objetivo de custodiar o direito lesado ou ameaçado.

Em primeiro lugar, o cânon 212, parágrafo 2º do CIC, abre a possibilidade de diálogo fraternal entre os fiéis e as autoridades eclesiásticas, ao estatuir o direito dos fiéis de manifestarem as próprias necessidades aos pastores. Aqui se vislumbra certa garantia em sentido lato, porque não se alude expressamente à ação judicial. A propósito, no próprio cânon em comento admoesta-se o fiel sobre a necessária reverência com os pastores (*reverentia erga pastores*), isto é, na Igreja de Cristo, sedimentada no amor, prefere-se a conciliação ao litígio. De fato, inclusive violações graves de direitos constitucionais ou de outros tipos de direitos, muita vez, resolvem-se com o diálogo, mediante colóquio amigável, sem que seja mister o pleito judicial. Nada obstante, o cânon 221 preceitua o direito-dever de os fiéis reivindicarem e salvaguardarem os direitos de que gozam na Igreja. Neste ponto, remete-se diretamente à demanda judicial. Eis a tradução do referido cânon:

> "Cânon 221. § 1º Compete aos fiéis reivindicar e defender legitimamente os direitos e que gozam na Igreja, no foro eclesiástico competente, de acordo com o direito.
> § 2º Os fiéis, caso sejam chamados a juízo pela autoridade competente, têm o direito de ser julgados de acordo com as prescrições do direito, a serem aplicadas com equidade.
> § 3º Os fiéis têm o direito de não ser punidos com penas canônicas, a não ser de acordo com a lei".

Conforme se nota com facilidade, o cânon em apreço garante o direito de ação judicial, pois alude explicitamente ao "foro eclesiástico competente". Demais, o mesmo cânon tutela o julgamento equânime ("de acordo com as prescrições do direito") e inibe a ação penal dissonante das tipificações dos delitos ("a não ser de acordo com a lei").

No ordenamento canônico, como dissemos, inexistem remédios processuais específicos para a proteção dos direitos constitucionais, porém, há o direito genérico de ação judicial. Vamos dar um exemplo de atuação desse direito genérico, a fim de esclarecer o problema. Tomemos o direito constitucional custodiado no cânon 214 do CIC, ou seja, o direito de prestar culto a Deus (direito de latria). Suponhamos que certo presbítero religioso seja despótica e arbitrariamente proibido pelo seu ordinário de celebrar a santa missa para o povo, sem direito de ampla defesa, ao argumento de que as homilias têm desagradado a assembleia. No caso hipotético, o sacerdote punido não disporia de condições de sequer rezar a missa privativamente. Ora, cerceia-se direito constitucional líquido e certo de o clérigo prestar o culto de latria: o oferecimento do sacratíssimo sacrifício (eucaristia). Aliás, essa oblação é o modo típico e excelente da latria para o padre no exercício do sacerdócio ministerial. Para o leigo, no gozo do sacerdócio comum, o modo mais eminente de prestar culto a Deus consiste na participação da santa missa dominical. No exemplo ora aventado, o sacerdote injustamente impedido de dizer a missa deveria ser imediatamente atendido no pleito judicial, em decisão liminar, mesmo que se encetasse um processo para ulterior apreciação do litígio. A celeridade das decisões judicantes é atributo imprescindível na tutela dos direitos constitucionais, pois se trata de faculdades ou direitos subjetivos embasados no direito divino. Infelizmente, a Igreja católica não conta com aparato judicial apto a respostas rápidas, já por insuficiência de recursos humanos adestrados, já por carência de condições financeiras. Daí, não raramente, opta-se pela justiça estatal, desprezando-se a justiça canônica, quando, por exemplo, quer-se defender o direito constitucional à boa fama e à intimidade amparado no cânon 220 do CIC.

Por fim, é no Livro VII do código canônico (CIC) onde encontraremos, pormenorizados, os diversos mecanismos do direito de ação judicial, para a tutela dos direitos constitucionais bem como de outros direitos. Sabe-se que o juiz natural da diocese é o bispo[23]. A ele, em última análise, deve recorrer o fiel que se sentir ameaçado ou lesado em algum direito. Com efeito, preceitua o cânon 1476:

> "Quem quer que seja, batizado ou não, pode agir em juízo; sendo que a parte legitimamente demandada deve responder".

Relativamente à tutela dos direitos constitucionais, vê-se que o cânon 1458 prescreve, como regra geral, a ordem cronológica para o conhecimento das demandas judiciais propostas, todavia, prevê, igualmente, o exame, em primeiro lugar, das ações que exigem tramitação "mais rápidas que as outras". Aqui, é óbvio, encaixa-se a

---

[23] Cânon 1419, § 1º.

ação judicial que visa à defesa de um direito constitucional ameaçado ou lesado, ou seja, esta demanda tem de ser conhecida antes de qualquer outra, haja vista o direito divino que lhe dá embasamento.

11. Os cânones constitucionais do código de rito latino (CIC)

Vamos listar os principais cânones do CIC de matriz constitucional, isto é, as normas integrantes da constituição ou lei fundamental da Igreja católica. Além desses cânones, há, como vimos, outros princípios e regras que igualmente perfazem o direito constitucional canônico.

Qualquer constituição, de Estado ou da Igreja católica, legisla acerca de duas realidades, a saber: a situação do indivíduo (fiel) e a organização do povo de Deus (sociedade eclesial). Uma vez que a prevalência é do fiel, em virtude da dignidade do sacramento do batismo, iniciemos o rol pelos direitos subjetivos. Alguns desses cânones constam do comentário relativamente ao direito natural no código canônico. Depois, elencamos os cânones referentes à estrutura jurídica mínima da Igreja de Cristo, afinal de contas, "o sábado [instituição jurídica] foi feito para o homem e não o homem para o sábado"[24].

12. Principais direitos e deveres subjetivos constitucionais

a) Direito-dever ao exercício do tríplice múnus (cânon 204, § 1º)

Eis a tradução do cânon 204, § 1º:

> "Fiéis são os que, incorporados a Cristo pelo batismo, foram constituídos como povo de Deus e, assim, feitos

[24] Mc 2,27.

> participantes, a seu modo, do múnus sacerdotal, profético e régio de Cristo, são chamados a exercer, segundo a condição própria de cada um, a missão que Deus confiou para a Igreja cumprir no mundo".

Na Igreja, todos os crentes, leigos ou clérigos, são sacerdotes, reis e profetas. É importante ter clara esta condição, porque, independentemente da tarefa que exercemos, tudo deve apontar para Cristo. Portanto, estamos realmente em face de um dever, mas também de um direito ao apostolado. O cristão, constitucionalmente falando, coopera na edificação do povo de Deus, na mantença da sociedade que Jesus Cristo fundou. Os chamados *tria munera* qualificam o católico e correspondem na Igreja ao que a consciência de cidadania representa na sociedade política, ou seja, abdica-se da atitude passiva e se parte para a liça benfazeja da construção de um mundo mais justo e fraterno.

b) Igualdade entre os membros da Igreja (cânon 208)

Eis a tradução do cânon 208:

> "Entre todos os fiéis, pela sua regeneração em Cristo, vigora, no que se refere à dignidade e atividade, verdadeira igualdade, pela qual todos, segundo a condição e os múnus próprios de cada um, cooperam na construção do corpo de Cristo"

Essa norma jurídica tutela um dos direitos subjetivos mais relevantes, porquanto a igualdade constitui a ontologia do ser humano e, portanto, o respeito à igualdade entre os homens converge com o projeto de Deus. Nada obstante, não se confunda igualdade com "igualitarismo", pois este vezo supõe, fantasiosamente, que não haja diferenças acidentais entre os homens. Com efeito, a natureza estabeleceu entre os homens "(...) diferenças tão múltiplas como profundas; diferenças de inteligência, de talento, de habilidade, de saúde, de força; diferenças necessárias, donde nasce, espontaneamente, a desigualdade das condições".[25]

O direito ao tratamento conforme à igualdade é pressuposto constitucional básico no que tange à estrutura do povo de Deus. Mais adiante, veremos como, do ponto de vista da dignidade e da atividade executada em prol do evangelho, não há discriminação entre os católicos, nem se pode dizer que o padre é um cristão "melhor" do que o leigo.

c) Dever de comunhão com a Igreja (cânon 209)

Eis a tradução do cânon 209:

> "§ 1º Os fiéis têm a obrigação de, com o seu modo de proceder, manterem sempre a comunhão com a Igreja.
> § 2º Cumpram com grande diligência os deveres que têm para com a Igreja, quer universal, quer particular a que pertencem, segundo as prescrições do direito".

É dever básico e imprescindível. Estar em comunhão com a Igreja significa trilhar o caminho proposto por nosso Senhor. A Igreja, corpo místico de Cristo, comunica os bens mais sublimes à humanidade. Fá-lo, sobretudo, mediante os sete sacramentos instituídos por Jesus. Esse cânon decerto concita os católicos ao obséquio da fé. A soberba suscita opiniões particulares discordantes do magistério. Manter a comunhão com a Igreja implica também a convergência de objetivos e de ideias.

[25] Leão XIII, *Rerum Novarum*, 28. Documentos da Igreja, Paulus, São Paulo, 2005.

Modo eminente de preservar a comunhão com a Igreja é o cumprimento dos deveres elementares. Pense-se na obrigação de participar da santa liturgia, mas, igualmente, no dever de pagar o dízimo segundo o costume. Além disso, o fiel precisa saber valorizar a diocese onde reside e prestigiar seu bispo. A reverência e o respeito profundo ao bispo de Roma e ao bispo diocesano conspiram em favor da comunhão almejada pelo cânon constitucional ora em comento.

Conforme discorreremos no capítulo 3º, a comunhão com a Igreja de Cristo exigirá, por exemplo, que o leigo atuante na política partidária deite por terra anteprojeto de lei que visa à legalização do aborto. Por isso, o cânon em análise reporta-se ao modo de proceder do católico, isto é, ao comportamento, o qual jamais irá de encontro à sacrossanta doutrina de Cristo.

d) Dever de santidade (cânones 210 e 211)

Eis a tradução do cânon 210:

> "Todos os fiéis, de acordo com a condição própria, devem empenhar suas forças a fim de levar vida santa e promover o crescimento da Igreja e contínua santificação dela".

Eis a tradução do cânon 211:

> "Todos os fiéis têm o direito e o dever de trabalhar, a fim de que o anúncio divino da salvação chegue sempre mais a todos os homens de todos os tempos e de todo o mundo".

No capítulo 3º, voltaremos ao tema da santidade. Por ora, é convinhável esclarecer que a santidade é apanágio da Igreja católica, a qual, pela administração dos sacramentos e proclamação do evangelho, comunica inexoravelmente cornucópia de graças.

Neste sentido, mediante exemplos e atitudes coerentes com o ideário cristão, cada fiel – não só os eclesiásticos e religiosos – necessita incrementar e conservar esse estado de santidade da santa Igreja. Reflitamos, também, sobre a responsabilidade enorme dos membros da hierarquia, mormente os pastores, cuja vida santa serve de testemunho para todos os fiéis leigos e, também, para os que ainda não são membros da santa madre Igreja.

A expressão do cânon 210 *secundum propriam condicionem* (de acordo com a condição própria) remete ao fato de que é mister considerar a particularidade de cada indivíduo na consecução da vida santa, como, por exemplo, talento e inteligência. Demais, o estado civil, casado ou solteiro, outrossim caracteriza a condição do fiel, diferenciando-se a santidade vivida no matrimônio da santidade praticada pelo solteiro. Outro elemento importante relativo à condição própria é a profissão civil exercida pelo fiel. Neste diapasão, ser santo como médico é bem diferente de ser santo como sapateiro, embora a essência seja idêntica, porquanto a santidade se define como a perfeição na caridade.

Trabalhar com vistas no anúncio da salvação, consoante o cânon 211, não quer dizer, pura e simplesmente, sair por aí pregando a doutrina católica nas ruas. Se bem que tal atitude, se levada a cabo dentro de certos limites e razoabilidade, pode, também, representar o cumprimento desse dever constitucional. Porém, o apostolado é igualmente direito constitucional *erga omnes*, exercitável pelo leigo. Estudaremos este *ius nativum* com mais vagar no capítulo 3º, quando nos detivermos no papel constitucional do leigo. Frise-se que o apostolado do cânon 211 se alicerça sobremaneira nos sacramentos do batismo e da crisma.

O direito-dever constitucional veiculado no cânon 211 aplica-se igualmente aos clérigos, porque tal obrigação permeia o dia a dia, não se jungindo aos atos tipicamente eclesiásticos, como, por exemplo, a oitiva de confissões. Tendo em vista o escopo de que o exercício de tal direito-dever contribua para com a mantença do estado de graça no grêmio da Igreja, é imprescindível que os fiéis, leigos e clérigos, atuem sempre em sintonia com os pastores, principalmente com o magistério da Igreja.

e) Dever de obediência aos pastores e direito de petição (cânon 212)

Eis a tradução do cânon 212:

> "§ 1º Os fiéis, conscientes da sua responsabilidade, têm obrigação de prestar obediência cristã àquilo que os sagrados pastores, como representantes de Cristo, declaram na qualidade de mestres da fé ou estabelecem como governantes da Igreja.
> § 2º Os fiéis têm a faculdade de expor aos pastores da Igreja as suas necessidades, sobretudo espirituais, e os seus anseios.
> § 3º Os fiéis, segundo a ciência, a competência e a proeminência de que desfrutam, têm o direito, e, mesmo por vezes, o dever, de manifestar aos sagrados pastores a sua opinião acerca das coisas atinentes ao bem da Igreja, e de a exporem aos restantes fiéis, salva a integridade da fé e dos costumes, a reverência devida aos pastores, e tendo em conta a utilidade comum e a dignidade das pessoas".

Obedecer aos pastores implica obedecer a Cristo, porque os pastores são lugares tenentes de Cristo. Os bispos são vigários de nosso Senhor; são, também, sucessores dos apóstolos. Todavia, não se cuida de obediência cega, que não deve ser praticada nem sequer pelos religiosos que fizeram voto solene de obediência. Trata-se, na verdade, da obediência ponderada, justificada, em suma, inteligente. De qualquer modo, é sempre necessário vencer a arrogância, a soberba, a opinião própria, muita vez, contrastante com o ditame da doutrina cristã.

Combinado com o dever de obediência, o cânon constitucional em apreço descortina o direito de petição. Deveras, reza o cânon que os fiéis têm a faculdade de expor suas necessidades e anseios aos pastores da Igreja. O parágrafo 2º, de feito, abre verdadeiro diálogo entre os fiéis e as autoridades eclesiásticas. O fiel, detentor do chamado *sensus fidelium*, consistente em certa participação na hermenêutica da revelação divina, pode e deve requerer pedidos que beneficiem a si própria ou, na sua visão, favoreçam o conjunto da Igreja.

Não raras vezes, o direito de petição transforma-se em dever de alertar os pastores a propósito de certos temas. É a realidade desenvolvida pelo parágrafo 3º. Tudo, entretanto, deve ser feito com cordialidade, submissão caridosa e respeito às autoridades eclesiásticas, mormente aos bispos.

Com as características peculiares à obediência, esse cânon custodia direito essencial para a vida em sociedade. Tanto o Estado quanto a Igreja protegem o direito de petição, a fim de que a individualidade e irrepetibilidade de cada cidadão ou fiel não se volatize num conglomerado totalitário.

f) Direito aos bens espirituais (cânon 213)

Eis a tradução do cânon 213:

> "Os fiéis têm o direito de receber dos sagrados pastores os auxílios hauridos dos bens espirituais da Igreja, sobretudo da palavra de Deus e dos sacramentos".

Da mesma forma que no âmbito da sociedade política, por exemplo, os direitos à saúde, à moradia e ao emprego são primordiais, *mu-*

tatis mutandis, no grêmio da Igreja, o direito aos sacramentos configura o rol de direitos constitucionais da mais alta relevância. Ninguém pode ser privado dos sacramentos, porque esses sete sinais instituídos por Jesus Cristo comunicam vida abundante[26]. Desta feita, todo fiel tem o direito de receber os sacramentos daqueles que na Igreja possuem a missão de dispensadores desses bens augustíssimos. Contudo, não se trata de direito absoluto, uma vez que está condicionado à boa disposição e adequada preparação do fiel. Os sacramentos são administrados gratuitamente. É defeso exigir qualquer paga, sob pena de se cometer o pecado hediondo de simonia.

No que toca à palavra de Deus, lembremos primeiramente do dever do clérigo, máxime do pároco, de preparar muito bem a homilia dominical. Com efeito, o papa Francisco, na exortação apostólica *Evangelii Gaudium*, insistiu, oportuna e inoportunamente, sobre esse dever fundamental do clérigo. De fato, Francisco gastou quase vinte páginas do referido documento, discorrendo sobre a homilia, concitando os presbíteros a elaborá-la com esmero. A propósito, sua santidade chega a externar veemente apelo:

> "(...) atrevo-me a pedir que todas as semanas se dedique a esta tarefa [a preparação da homilia] um tempo pessoal e comunitário suficientemente longo, mesmo que se tenha de dar menos tempo a outras tarefas também importantes".[27]

g) Direito de prestar culto a Deus (latria) (cânon 214)

Eis a tradução do cânon 214:

[26] Cf. Jo 10,10.

[27] *Evangelii Gaudium*, 145, grifos nossos.

> "Os fiéis têm o direito de prestar culto a Deus, segundo as prescrições do rito próprio aprovado pelos legítimos pastores da Igreja, e de seguir uma forma própria de vida espiritual, consentânea com a doutrina da Igreja".

O culto que se presta a Deus chama-se *latria*. Aos santos cultuamos com a *dulia* e nossa Senhora, a mãe de Deus, reverenciamos com o culto denominado *hiperdulia*. O direito de render culto a Deus integra o rol dos direitos fundamentais do fiel. Corresponde a um dever – já que *ius et obligatio sunt correlata* (a cada direito corresponde uma obrigação) – da parte da hierarquia, a qual celebra os ritos cultuais, máxime a santa missa, forma eminente de latria, possibilitando, assim, a adoração litúrgica de Deus.

Embora o legislador se reporte especificamente ao culto a Deus, o cânon em exame outrossim salvaguarda o direito dos fiéis de venerarem todos os santos. Quanto ao rito, lembremos que na Igreja católica há três grandes troncos rituais, a saber: ocidental-latino, oriental-alexandrino e oriental-antioqueno. Sendo direito natural do ser humano, o Estado tutela a chamada liberdade de crença. O cânon 214 pressupõe, ainda, várias espiritualidades, todas, no entanto, concorrendo em prol da santificação do fiel e da comunidade eclesial, bem como da honra que se tributa aos santos, mormente a Deus, com o oferecimento do sacratíssimo sacrifício eucarístico.

h) Direito à liberdade na escolha do estado de vida (cânon 219)

Eis a tradução do cânon 219:

> "Todos os fiéis gozam do direito de serem livres de qualquer coação na escolha do estado de vida".

Cuida-se de direito elementar, concernente à dignidade da pessoa humana, legitimado tanto na constituição da Igreja quanto na constituição do Estado. Ninguém há de ser compelido a abraçar determinada forma de vida. Com efeito, se o consentimento de um dos nubentes não for absolutamente livre, o sacramento do matrimônio se torna inválido. A mesma vicissitude ocorre com referência ao homem que se ordena padre, *v.g.*, severamente constrangido pelo superior. Tal ordenação é, *ipso facto*, írrita.

A recepção do sacramento da ordem, todavia, não é um direito de qualquer varão batizado. Na verdade, a Igreja, mediante as legítimas autoridades, elege o homem que receberá o aludido sacramento. O direito às ordens sacras só se adquire na hipótese de negativa arbitrária dos superiores, depois de transcorrido exitosamente o processo de formação do clérigo. Antes disso, subsiste tão somente expectativa de direito, competindo ao bispo impor as mãos somente sobre o candidato idôneo para o ministério hierárquico.

i) Obrigação de prover as necessidades materiais da Igreja e estimular a promoção da justiça social (cânon 222)

Eis a tradução do cânon 222:

> "§ 1º Os fiéis têm a obrigação de prover as necessidades da Igreja, de forma que ela possa dispor do necessário para o culto divino, para as obras de apostolado e de caridade, e para a honesta sustentação dos seus ministros.
> § 2º Têm ainda a obrigação de promover a justiça social e, lembrados do preceito do Senhor, de auxiliar os pobres com os seus próprios recursos".

A mantença econômica da Igreja é o imperativo do parágrafo 1º do cânon ora comentado; dever inconteste de todos os fiéis, incluindo os clérigos. Contudo, o dispositivo legal em apreço, implicitamente, ensancha as necessidades da Igreja. Trata-se principalmente do aspecto econômico, mas, é claro, existem outras necessidades supridas pelos católicos. Do ponto de vista constitucional, frisemos que o ajutório financeiro respalda-se no 5º mandamento da lei da Igreja, que nos obriga a pagar o dízimo segundo o costume.

Outro ponto bastante relevante, constitucionalmente falando, patenteia o parágrafo 2º, ao concitar todos os fiéis à promoção da justiça social. O cristão compromete-se incondicionalmente com a justiça social e a evangélica opção preferencial pelos pobres, não exclusiva nem excludente. Não se pode pensar na estrutura jurídica fundamental da Igreja, olvidando-se obrigação subjetiva tão grave, embasada na virtude teologal da caridade. Em contrapartida, os pobres, preferidos de nosso Senhor, membros da Igreja ou não, gozam do direito de ser assistidos pelas instituições eclesiásticas beneficentes, à medida do possível. Outrossim, os menos favorecidos fruem do direito de ser auxiliados pelos fiéis individualmente, por exemplo, mediante a esmola. Por outro lado, esclareça-se que a dação de esmola não configura dever jurídico, mas gravíssimo dever moral.

j) Direito-dever dos leigos de proclamar o evangelho e vocação específica dos leigos (cânon 225)

Eis a tradução do cânon 225:

> "§ 1º Os leigos, uma vez que, como todos os fiéis, são deputados para o apostolado em virtude do batismo e da confirmação, têm a obrigação geral e gozam do direito

> de, quer individualmente quer reunidos em associações, trabalhar para que a mensagem divina da salvação seja conhecida e recebida por todos os homens e em todas as partes da terra; esta obrigação torna-se mais urgente nas circunstâncias em que só por meio deles os homens podem ouvir o evangelho e conhecer a Cristo.
> § 2º Têm ainda o dever peculiar de, cada qual segundo a própria condição, imbuir e aperfeiçoar com espírito evangélico a ordem temporal, e de dar testemunho de Cristo especialmente na sua atuação e no desempenho das funções seculares".

De fato, o direito-dever de os leigos exercerem o apostolado é *erga omnes*; não se lhes pode obstar a fruição de tal direito nem tampouco o cumprimento da correlata obrigação (*jus et obligatio sunt correlata*). Além disso, torna-se desnecessária a outorga de mandato por parte da autoridade eclesiástica, porquanto os leigos agem sob o influxo do direito divino positivo, originalmente insuflados pelos sacramentos do batismo e da crisma, frequentemente sustentados pelo santíssimo sacramento, qual centro de sua vida. Outrossim, é útil e, muita vez, imprescindível que os leigos se reúnam em associações canonicamente reconhecidas pela Igreja, com o objetivo de desempenharem determinadas atividades evangelizadoras, as quais não chegariam a bom termo sem o concurso de vários fiéis. Há inúmeras dessas entidades laicais no grêmio católico. A história registra episódios em que o trabalho apostólico dos leigos mostrou-se fundamental na mantença da fé do povo. Pense-se, por exemplo, na evangelização levada a cabo pelos leigos em alguns lugares do Japão, país que, durante séculos, após a expulsão dos precursores jesuítas, permaneceu sem a assistência de bispos e padres, mas, graças ao labor dos leigos, manteve incólume o sentimento religioso e a prática devocional inculcados por um são Francisco Xavier e outros tantos anunciadores do evangelho.

O parágrafo 2º introduz a configuração jurídica ao apostolado dos leigos. Com efeito, por meio desta normativa, o código, por exceção, intervém na seara civil, onde os leigos atuam preponderantemente e são regidos por leis do Estado. Entende-se por "realidades temporais" o conjunto das instâncias da sociedade, como a família, em primeiro lugar, a política, a economia, o mundo do trabalho, a cultura, a educação etc. Por exemplo, um leigo juiz, cônscio da Doutrina Social da Igreja, disporá de mais luzes para julgar, *e.g.*, um caso de desapropriação de imóvel ou de extradição de estrangeiro. Os bispos do Brasil, em 2015, reunidos na 54ª Assembleia Ordinária, admoestaram os leigos a cumprirem vocação específica, decorrente dos sacramentos do batismo e da crisma:

> "A sociedade humana em construção e a Igreja em missão contam com os cristãos convictos da própria responsabilidade, dispostos a acolher desafios, alegres em abrir caminhos novos na construção do reino do Senhor, reino da verdade e da vida, reino da justiça, do amor e de paz".[28]

No capítulo 3º, dada a relevância constitucional, aprofundaremos a reflexão acerca do papel do leigo no mundo.

k) Direito-dever da família de trabalhar pela edificação do povo de Deus (cânon 226)

Eis a tradução do cânon 226:

> "§ 1º Os que vivem no estado conjugal, segundo a própria vocação, têm o dever peculiar de trabalhar na edificação do povo de Deus por meio do matrimônio e da família.
> § 2º Os pais, já que deram a vida aos filhos, têm a obrigação

[28] Documento da CNBB 105, n. 277.

> gravíssima e o direito de os educar; por consequência, aos pais cristãos compete primariamente cuidar da educação cristã dos filhos, segundo a doutrina da Igreja".

A família, arrimada no sacramento do matrimônio, é a célula-mãe da sociedade. Precede o Estado e por ele tem de ser protegida nas configurações de direito natural. Curiosamente, é o artigo 226 da constituição brasileira que encabeça o capítulo sobre a família, a criança, o adolescente e o idoso. O parágrafo primeiro deste cânon denota algo importantíssimo na vocação familiar, qual seja, a imperiosidade de os cônjuges e filhos trabalharem pela edificação do povo de Deus, vale dizer, a família cristã não pode se fechar em si mesma. A exortação *Amoris Laetitia*, do papa Francisco, ressalta esse papel eminente da família:

> "Às vezes o individualismo destes tempos leva a fechar-se na segurança de um pequeno ninho e a sentir os outros como um incômodo. Todavia, esse isolamento não proporciona mais paz e felicidade, antes fecha o coração da família e priva-o do horizonte amplo da existência".[29]

Diante da realidade crucial da América Latina, o Documento de Aparecida dispõe que "(...) a infância, hoje em dia, deve ser destinatária de ação prioritária da Igreja, da família e das instituições do Estado, tanto pelas possibilidades que oferece como pela vulnerabilidade a que se encontra exposta".[30] Para cumprirem este cânon, os pais recorrerão ao auxílio proeminente da escola confessional católica. Além disso, o próprio Estado, por força da Constituição Federal,[31] corroborada pelo Acordo Brasil – Santa

---

[29] N. 187.

[30] Documento de Aparecida, n. 438.

[31] Artigo 210, § 1º

Sé[32], obriga-se a facultar o ensino religioso, "católico e de outras confissões religiosas", nos "horários normais das escolas públicas de ensino fundamental". Segundo a legislação canônica vigente, os pais que descurarem a educação católica dos filhos podem até ser punidos com censura ou outra pena.[33]

l) Direito à autonomia nas questões de ordem temporal (cânon 227)

Eis a tradução do cânon 227:

> "Os fiéis leigos têm o direito de que, nas coisas da cidade terrena, lhes seja reconhecida a liberdade que compete a todos os cidadãos; ao utilizarem esta liberdade, procurem que sua atuação seja imbuída do espírito evangélico, e atendam à doutrina proposta pelo magistério da Igreja, tendo porém o cuidado de, nas matérias opináveis, não apresentarem a sua opinião como doutrina da Igreja".

Não existe a chamada "solução católica"! Nos temas opináveis, os leigos são livres para optar pelo posicionamento que considerarem mais idôneo em solucionar o caso concreto. Este direito à autonomia nas realidades temporais corresponde ao dever da hierarquia (bispos, padres, dioceses, conferências episcopais etc.) de não se manifestar oficialmente acerca de assuntos opináveis, pois tal procedimento levaria os leigos à confusão, além de ser lesivo ao legítimo pluralismo da sociedade. Observe-se, no entanto, que o cânon em comento reafirma a obrigação dos leigos, já expressa no cânon 225, de imbuir as atividades com o espírito do evangelho e pô-las em sintonia com o magistério da Igreja. De qualquer modo,

[32] Acordo Brasil-Santa Sé, artigo 11, § 1º.

[33] Cânon 1366.

exorta-se os leigos a não divulgarem o seu ponto de vista com o epíteto de "católico". Por exemplo, na atualidade, nenhuma agremiação política se autointitulará promotora exclusiva do ideário ético do catolicismo.

m) Obrigação dos clérigos com referência às autoridades eclesiásticas (cânon 273)

Eis a tradução do cânon 273:

> "Os clérigos têm obrigação especial de prestar reverência e obediência ao sumo pontífice e ao respectivo ordinário".

O sumo pontífice, isto é, o sucessor de São Pedro, merece respeito, reverência e obediência de todos os fiéis, não só dos clérigos. Todavia, o legislador quis enfatizar esta obrigação clerical que, sem sombra de dúvida, integra o rol dos direitos e deveres fundamentais. Dois substantivos se destacam: reverência e obediência. Antes de tudo, recordemos que os clérigos são os varões sacramentalmente ordenados.

No sentido vulgar, "reverência" é o respeito marcado pelo temor às coisas sagradas. O pontífice romano, cabeça visível da Igreja católica, exerce cargo regulado pelo direito divino positivo. No capítulo 3º, estudaremos pormenorizadamente as características do papado. "Obediência", por seu turno, designa, *grosso modo*, a submissão da vontade ao comando do superior. Nada obstante, observe-se que esta obrigação, do ponto de vista constitucional, não afeta detalhes da vida privada do clérigo, mas diz respeito às funções clericais típicas, as quais precisam ser exercitadas sob o influxo do governo do bispo de Roma. Acerca dessas funções típicas, expenderemos no capítulo 3º, com mais vagar.

O que se disse aqui relativamente ao sucessor de São Pedro aplica-se, *mutatis mutandis*, ao ordinário, isto é, ao bispo diocesano e ao superior de instituto religioso ou sociedade de vida apostólica. Na pessoa do bispo, o clérigo enxerga o bom pastor. Em suma, esse cânon constitucional compele o clérigo a abdicar de eventuais ideias próprias, eventualmente contrastantes com a sensibilidade da Igreja, para, imbuído do devido obséquio religioso, acatar, de boa mente, as determinações do sumo pontífice e do ordinário.

n) Dever dos clérigos relativamente ao apostolado dos leigos (cânon 275, § 2º)

Eis a tradução do cânon 275, § 2º:

> "Os clérigos devem reconhecer e promover a missão que os leigos exercem na Igreja e no mundo, cada um conforme a parte que lhe cabe".

Este dever dos clérigos tem decerto matriz constitucional, porquanto o assim chamado "clericalismo" inviabiliza a missão dos leigos, deitando por terra a estrutura da Igreja conforme o projeto do divino fundador. Veremos, mais adiante, ao tratarmos do papel constitucional do leigo, quão relevante se torna o protagonismo do leigo, chamado a imbuir e aperfeiçoar a realidade temporal com o espírito do evangelho.

O Concílio Vaticano II enalteceu a secularidade do leigo, porém não se deslembrou das funções que o leigo pode exercer em atividades intraeclesiais. Em resumo, o cânon em análise visa a obstar qualquer tentativa da hierarquia de dificultar a participação do leigo em atividades, como, por exemplo, o ministério extraordinário, as diversas pastorais etc. Por outro lado, igualmente objetiva o mencionado dispositivo constitucional concitar os clérigos a criar mecanismos efetivos, a fim de que o leigo desempenhe a missão própria na família, no trabalho, na política, na cultura, na economia etc.

o) Dever de continência e celibato dos clérigos (cânon 277, § 1º)

Eis a tradução do cânon 277, § 1º:

> "Os clérigos são obrigados a observar a continência perfeita e perpétua por causa do reino dos céus; por isso, são obrigados ao celibato, que é dom especial de Deus, pelo qual os ministros sagrados podem mais facilmente unir-se a Cristo de coração indiviso e dedicar-se mais livremente ao serviço de Deus e aos homens".

O celibato se regula pela disciplina da Igreja, isto é, pelo direito canônico. Sem embargo, não é factível pura e simplesmente ab-rogá-lo, como apregoam certos incautos. Se não é dogma, é quase-dogma, uma vez que vem sendo observado desde os limiares da Igreja católica, e não a partir do século IV, como afirmam certos teólogos liberais; mais liberais que teólogos. Para se adquirir conhecimento profundo do valor e da importância do celibato dos clérigos, é mister ler e estudar atentamente a monumental encíclica de São Paulo VI, *Sacerdotalis Caelibatus*.

O papa Francisco já explicou que o celibato não significa solteirice. Na hipótese do celibato, é-se solteiro (sinônimo de celibatário), por um motivo sagrado, qual seja, a dedicação cabal do presbítero ao projeto salvífico de Jesus Cristo. É óbvio que o celibato, fundamentado tanto na tradição quanto na bíblia, possui viés constitucional, pois configura a Igreja de Cristo, vale dizer, corresponde ao exemplo do divino fundador, que também foi solteiro ou celibatário.

p) Dever dos clérigos de respeitar a esfera de atuação social dos leigos (cânones 285, §3 º e 287, § 2º)

Eis a tradução do cânon 285, § 3º:

> "Os clérigos são proibidos de assumir cargos públicos que implicam participação no exercício do poder civil".

Eis a tradução do cânon 287, § 2º:

> "Não tenham [os clérigos] parte ativa nos partidos políticos e na direção de associações sindicais, a não ser que, a juízo da competente autoridade eclesiástica, exija-o a defesa dos direitos da Igreja ou a promoção do bem comum".

Eis a orientação do decreto *Apostolicam Actuositatem*, do Concílio Vaticano II, a propósito da missão dos leigos na esfera pública:

> "Os católicos [leigos] versados em política, e devidamente firmes na fé e na doutrina cristã, não recusem cargos públicos, se puderem, por uma digna administração, prover o bem comum e, ao mesmo tempo, abrir caminho para o evangelho".[34]

Os documentos do Concílio Vaticano II, de um modo geral, frisam que é papel do leigo, não do padre, atuar diretamente na política partidária. Eis o que estatui a constituição dogmática *Lumen Gentium*:

> "É, porém, específico dos leigos, por sua própria vocação, procurar o reino de Deus, exercendo funções temporais, e ordenando-as segundo Deus".[35]

---

[34] Decreto *Apostolicam actuositatem*, n. 14.

[35] Constituição dogamática *Lumen gentium*, 31b.

A secularidade dos leigos, caríssima aos integrantes do concílio, é juridicamente confirmada pelo código canônico (*C.I.C.*), a teor do cânon 225, § 2º. O Catecismo da Igreja Católica perfilha a seguinte concepção sobre o múnus laical:

> "A iniciativa dos cristãos leigos é particularmente necessária quando se trata de descobrir, de inventar meios para impregnar as realidades sociais, políticas e econômicas com as exigências da doutrina e da vida cristã".[36]

Na verdade, o aludido catecismo católico é contundente:

> "Não cabe aos pastores da Igreja intervir diretamente na construção política e na organização da vida social. Essa tarefa faz parte da vocação dos fiéis leigos, que agem por própria iniciativa com seus concidadãos".[37]

Em 2002, a Congregação para a Doutrina da Fé exarou uma "Nota Doutrinal sobre Algumas Questões relativas à Participação e Comportamento dos Católicos na Vida Política", corroborando o ensinamento do Concílio:

> "(...) os leigos não podem abdicar de participar na política, na múltiplice e variada ação econômica, social, legislativa e cultural, destinada a promover de forma orgânica e institucional o bem comum".[38]

O ordenamento jurídico da Igreja é tão cioso da vocação própria dos leigos no campo da política institucional, que proíbe

---

[36] Catecismo da Igreja Católica, n. 899.

[37] Catecismo da Igreja Católica, n. 2442.

[38] Nota Doutrinal sobre Algumas Questões relativas à Participação e Comportamento dos Católicos na Vida Política, 1c.

aos clérigos atuarem nessa área, consoante o cânon em comento, a não ser que, a juízo da autoridade eclesiástica competente, exijam-no a defesa dos direitos da Igreja ou a promoção do bem comum. Só mesmo uma circunstância gravíssima, atualmente, justificaria a autorização do bispo para que um clérigo assumisse o cargo de deputado ou outro mister público. Em tese, o clérigo pode até assumir cargo político (em casos gravíssimos, objetivamente justificados pelo bispo), mas não deve, porque ser político é papel do leigo. E há muitos leigos competentes e preparados nas comunidades eclesiais. Como veremos no capítulo 3º, o clérigo está vocacionado a adimplir sua missão típica em prol do reino de Deus.

q) Direito-dever de os religiosos seguirem radicalmente a Jesus Cristo (cânon 662)

Eis a redação do cânon 662:

> "Os religiosos tenham como regra suprema de vida o seguimento de Cristo proposto no evangelho e expresso nas constituições do próprio instituto".

Este cânon reveste-se de natureza constitucional, pois o estado religioso compõe a estrutura básica da Igreja, como veremos em item mais abaixo. Neste ponto, todavia, enfatiza-se o dever do religioso de fidelidade a Cristo mediante o engajamento radical em determinada religião. Em primeiro lugar, a fidelidade ao evangelho e, empós, a autêntica subordinação ao carisma do instituto. Na prática, a fidelidade à doutrina do divino fundador se materializa na fidelidade às constituições do instituto e obediência ao ordinário.

A chamada *sequela Christi*, na condição de religioso, caracteriza-se pela assunção dos votos de pobreza, castidade e obediência. O voto é a promessa feita a Deus. Neste aspecto, a vida religiosa diferencia-se sobremaneira da vida laical. Porém, o religioso não é prisioneiro do instituto ou da sociedade de vida apostólica. A radicalidade como *modus vivendi* visa a libertar o homem ou a mulher integrante do instituto das falsidades do mundo, forjando-se, destarte, testemunho luminoso da verdade.

r) Direito-dever de os sacerdotes prestarem o culto de latria (cânon 904)

Eis a redação do cânon 904:

> "Os sacerdotes, tendo sempre presente que no mistério do sacrifício eucarístico se realiza continuamente a obra da redenção, celebrem com frequência; mais, recomenda-se-lhes instantemente a celebração quotidiana, a qual, ainda quando não possa haver a presença de fiéis, é ato de Cristo e da Igreja, em que os sacerdotes desempenham o múnus principal".

A Igreja de Cristo, fundada sobre São Pedro, o primeiro Papa, sedimenta-se outrossim na eucaristia. De fato, sem a missa não há Igreja! A eucaristia é o centro da vida da Igreja e também da existência de cada fiel. Daí, a relevância constitucional do cânon em tela. Insta-se o sacerdote a missar[39] diariamente, mesmo que não haja outros fiéis presentes à celebração.

Observe-se que neste cânon, o legislador não emprega linguagem imperativa, típica da lei. Exorta os sacerdotes. Contudo, ainda assim,

[39] No capítulo 3º, explicaremos o verbo "missar".

estamos diante de norma integrante da lista de direitos e deveres subjetivos constitucionais. Podemos falar do direito-dever do sacerdote de dizer a missa todo dia.

s) Direito-dever de todos os fiéis à recepção do santíssimo sacramento e participação na santa missa (cânones 920 e 1247)

Eis a redação do cânon 920:

> "§ 1º Todo fiel que tenha sido iniciado na santíssima eucaristia está obrigado a receber a sagrada comunhão, ao menos uma vez por ano.
> § 2º Este preceito deve cumprir-se durante o tempo pascal a não ser que, por justa causa, se cumpra noutra ocasião durante o ano".

Eis a redação do cânon 1247

> "No domingo e nos outros dias festivos de preceito os fiéis têm obrigação de participar da Missa. Abstenham-se ainda dos trabalhos e negócios que impeçam o culto a prestar a Deus, a alegria própria do dia do Senhor ou o devido repouso do espírito e do corpo".

Em vista da congruência de temas, juntamos os cânones 920 e 1247. Desta feita, se existe a obrigação de comungar ao menos uma vez por ano (cânon 920), existe, também, a obrigação de participar da missa aos domingos (cânon 1747). Esses gestos litúrgicos caracterizam a Igreja de Cristo e, portanto, têm natureza constitucional.

O dever de comungar ao menos uma vez por ano corresponde ao mínimo de reverência eucarística que se espera do católico. Isso não significa participar da missa apenas uma vez por ano. Com efeito, assistir à missa todo domingo é dever sagrado de direito divino positivo, sufragado no 3º mandamento do decálogo e corroborado pelo direito eclesial. Mas não é mister comungar em cada missa, posto que recomendável, desde que o comungante se encontre em estado de graça.

Infelizmente, nas grandes cidades, abre-se o comércio aos domingos, suscitando o trabalho de católicos (que necessitam do emprego) ou estimulando-os a irem às compras. Tais comportamentos não coalescem com a alegria própria do dia do Senhor e o devido repouso do espírito. Na ótica cristã, o domingo deve, ainda, ser vivido na solidariedade, por exemplo, visitando-se um amigo ou alguém doente. A caridade externa, não interesseira e vaidosa, igualmente distingue e qualifica o novo povo de Deus.

13. Principais normas e princípios constitucionais referentes à estrutura jurídica da Igreja católica

a) Identidade entre a Igreja de Cristo e a Igreja católica (cânon 204, § 2º)

Eis a tradução do cânon 204, § 2º:

> "Essa Igreja [a Igreja de Cristo], constituída e organizada neste mundo como sociedade, subsiste na Igreja católica, governada pelo sucessor de Pedro e pelos bispos em comunhão com ele".

No capítulo 3º, discorreremos profundamente a propósito da origem divina da Igreja católica. Por ora, basta asseverar que o verbo subsistir, cognato do latim subsist, quer dizer "continua a existir". Com efeito, a Igreja que Jesus historicamente instituiu com os doze apóstolos, tendo São Pedro por chefe, após a morte dos doze, continua a existir, isto é, subsiste, com São Lino, o segundo Papa, e os bispos, sucessores dos apóstolos, sendo que essa sucessão se verifica há mais de dois mil anos, sem solução de continuidade e, consoante a promessa explícita de nosso Senhor, a Igreja católica subsistirá até o fim do mundo[40].

b) Colégio episcopal (cânones 330 e 336)

Eis a tradução do cânon 330:

> "Assim como, por disposição do Senhor, São Pedro e os outros apóstolos constituem um colégio, de forma semelhante estão entre si unidos o pontífice romano e os bispos, sucessores dos apóstolos".

Eis a tradução do cânon 336:

> "O colégio dos bispos, cuja cabeça é o sumo pontífice e de que são membros os bispos em virtude da consagração sacramental e em comunhão hierárquica com a cabeça e com os membros do colégio, e no qual o corpo apostólico persevera continuadamente, em união com a sua cabeça e nunca sem ela, é também sujeito do poder supremo e pleno sobre a Igreja universal".

Sobre o assunto ventilado nesses cânones constitucionais expenderemos, com mais vagar, no capítulo 3º. Assim, é convinhável esclarecer desde agora que o colégio dos bispos não é invenção do Concílio Vaticano II, mas projeto do divino fundador. Neste diapa-

[40] Mt 28,20.

são, se quisermos compreender o relacionamento entre os antístites contemporâneos, precisamos mirar as narrativas evangélicas e ver como interagiam os primeiros pastores da santa Igreja.

c) Primado do Papa (cânon 331)

Eis a tradução do cânon 331:

> "O bispo da Igreja de Roma, no qual permanece o múnus concedido pelo Senhor de forma singular a Pedro, o primeiro dos apóstolos, para ser transmitido aos sucessores, é a cabeça do colégio dos bispos, vigário de Cristo e pastor da Igreja universal neste mundo; o qual, por consequência, em razão do cargo, goza na Igreja de poder ordinário, supremo, pleno, imediato e universal, que pode exercer sempre livremente".

O primado, instituto constitucional por excelência, será largamente esmiuçado no capítulo 3º. Diga-se que São Pedro, nome cambiado por Jesus, de Simão para Pedro, é a pedra da Igreja. Juridicamente falando, São Pedro e os sucessores dele desempenham o múnus de chefe plenipotenciário da Igreja. A sucessão dos Papas em Roma, desde o humilde pescador, primeiro deles, é fato histórico inconteste. Esta assertiva nem sequer depende de fé.

O pontífice romano ou bispo de Roma é, portanto, o vigário de Cristo, quer dizer, o representante do Senhor. É-o, outrossim, a cabeça do colégio, isto é, o chefe visível da Igreja, porque o chefe invisível da Igreja é o divino fundador dela. O Papa é o pastor supremo e seus ensinamentos devem ser assimilados de boa mente por todos os católicos, leigos e clérigos.

d) Igrejas particulares ou dioceses (cânones 368, 369 e 381, § 1º)

Eis a tradução do cânon 368:

> "As Igrejas particulares, nas quais e das quais existe a una e única Igreja católica, são primariamente as dioceses, às quais, se outra coisa não constar, são equiparadas à prelazia territorial, à abadia territorial, ao vicariato apostólico e à prefeitura apostólica e, ainda, à administração apostólica estavelmente ereta".

Eis a tradução do cânon 369:

> "A diocese é a porção do povo de Deus confiada ao bispo, para ser apascentada com a cooperação do presbitério, de tal modo que, aderindo ao pastor e por este congregada no Espírito Santo, mediante o evangelho e a eucaristia, constitua a Igreja particular, onde verdadeiramente se encontra e atua, a Igreja de Cristo una, santa, católica e apostólica".

Eis a tradução do cânon 381, § 1º:

> "§ 1º Ao bispo diocesano, na diocese que lhe foi confiada, compete todo o poder ordinário, próprio e imediato, que se requer para o exercício do múnus pastoral, com exceção das causas que, por direito ou por decreto do sumo pontífice, estejam reservados à suprema ou a outra autoridade eclesiástica".

A diocese ou Igreja particular (de partícula ou parcela: pequena parte) começou a existir juridicamente desde a aurora da Igreja católica. Com efeito, os apóstolos, fiéis ao mandado do Senhor, saíram a pregar o evangelho e a administrar os sacramentos. Fundaram, desta feita, as dioceses. O nome "diocese" é sacado da nomenclatura do direito romano. A diocese, via de regra, é determinado território, onde se instalam o bispo e seu presbitério e, é claro, onde residem os leigos.

A diocese goza de natureza constitucional, pois é na Igreja particular que se reconhece a Igreja católica, como preceitua o cânon 360. A diocese, então, dá visibilidade orgânica à Igreja de Cristo; Igreja visível e não somente carismática. É óbvio ululante que o direito constitucional canônico regula as estruturas da Igreja militante, subtraindo-se de quaisquer normas humanas a Igreja padecente (purgatório) e a Igreja triunfante (céu).

Numa diocese pode haver vários bispos. Um deles é diocesano, ou seja, frui, efetivamente, de poder de governo. Por exemplo, na Arquidiocese de São Paulo, trabalham sete bispos auxiliares, coordenados pelo bispo diocesano, o arcebispo de São Paulo. Outro detalhe interessante relativamente às dioceses é que no município de São Paulo há 5 dioceses, a saber: a Arquidiocese de São Paulo, a Diocese de Santo Amaro, a Diocese de Campo Limpo, a Diocese de São Miguel Paulista e parte da Diocese de Osasco. Normalmente, as dioceses encampam muitos municípios, como, para dar um exemplo, a Diocese de Frederico Westphalen, no Rio Grande do Sul, composta por 11 municípios.

e) Bispos: sucessores dos apóstolos (cânon 375)

Eis a tradução do cânon 375:

> "§ 1º Os bispos, que por instituição divina sucedem aos apóstolos, são constituídos pastores na Igreja pelo Espírito Santo que lhes foi dado, para serem mestres da doutrina, sacerdotes do culto sagrado e ministros do governo.
> § 2º Pela própria consagração recebem os bispos com o múnus de santificar também o múnus de ensinar e governar, que,

todavia, por sua natureza não podem exercer senão em comunhão hierárquica com a cabeça e os membros do colégio".

Acerca do papel constitucional do bispo dissertaremos no capítulo 3º. Sabe-se que os bispos são sucessores dos apóstolos. A Igreja católica goza deste "certificado de credibilidade", já que todos os seus bispos se ligam à linhagem legítima dos primórdios da Igreja. Há bispos autênticos entre os ortodoxos, validamente ordenados, mas ilicitamente, em virtude do cisma. Não os há atualmente entre os anglicanos, em razão de vicissitudes históricas que remontam aos séculos XVIII e XIX, bem como por causa da pseudo-ordenação de mulheres tanto para o episcopado quanto para o presbiterado.

O bispo também é considerado vigário de Cristo e incumbe-lhe o mister constitucional de conduzir o povo de Deus domiciliado em determinada diocese. Porém, toda atividade do bispo diocesano tem de estar em sintonia com os parâmetros estabelecidos pelo bispo de Roma, chefe universal da Igreja.

f) Célula básica da estrutura territorial da Igreja (cânon 515, § 1º e 518)

Eis a tradução do cânon 515, § 1º:

> "§ 1º A paróquia é certa comunidade de fiéis, constituída estavelmente na Igreja particular, cuja cura pastoral, sob a autoridade do bispo diocesano, está confiada ao pároco, como o pastor próprio".

Eis a tradução do cânon 518:

> "A paróquia, em regra, seja territorial e englobe todos os fiéis de determinado território; onde porém for convenien-

> te, constituam-se paróquias pessoais, instituídas em razão do rito, da língua, da nação dos fiéis de algum território, ou até por outra razão".

O povo, de um modo geral, não somente os católicos, reconhece a Igreja católica pela paróquia. Com efeito, a paróquia, normalmente territorial, é célula básica da diocese e da Igreja católica. A estrutura fundamental da Igreja restaria comprometida sem as paróquias, pois elas são a porta de entrada para a sociedade eclesiástica. O católico consciente de suas obrigações participa do serviço religioso na paróquia onde reside, frequentando a missa na igreja de sua paróquia. Sem embargo, hoje em dia, é muito comum que o católico eleja a paróquia de seu gosto, participando da liturgia em igrejas distantes e, muitas vezes, em diocese onde não possui domicílio canônico.

O pároco tem inúmeras incumbências. De fato, ele representa o bispo diocesano. Introduz os neófitos no sacramento do batismo, preside os matrimônios etc., entre tantas tarefas sumamente imprescindíveis.

g) Vida consagrada (cânon 573, §1º)

Eis a tradução do cânon 573, §1º:

> "§1º A vida consagrada pela profissão dos conselhos evangélicos é a forma estável de viver pela qual os fiéis, sob a ação do Espírito Santo, seguindo Cristo mais de perto, consagram-se totalmente a Deus sumamente amado, para que, dedicados por título novo e peculiar à sua honra, à edificação da Igreja e à salvação do mundo, alcancem a perfeição da caridade no serviço do reino de Deus e, convertidos em sinal preclaro na Igreja, preanunciem a glória celeste".

Já dissertamos anteriormente sobre os religiosos, quando, comentando o cânon 662, abordávamos, do ponto de vista subjetivo, o direito-dever de os religiosos seguirem radicalmente a Jesus Cristo. No cânon 573, a vida religiosa aparece como instituição objetiva, caracterizadora da Igreja de Cristo e, por conseguinte, de matriz constitucional.

O cânon explicita o que vem a ser a vida consagrada pela profissão dos conselhos evangélicos e põe balizas jurídico-institucionais, tais como, a forma estável de viver e o contributo na edificação da Igreja e no atingimento do escopo de salvação das almas. Ao lume do cânon em tela, os institutos religiosos e as sociedades de vida apostólica necessitam forjar mecanismos que facilitem aos religiosos adquirir a perfeição na caridade e prestar serviço ao reino de Deus.

h) Pregação do evangelho (cânon 747)

Eis a tradução do cânon 747:

> "§ 1º A Igreja, à qual Cristo Senhor confiou o depósito da fé, para que ela, assistida pelo Espírito Santo, guardasse inviolavelmente, perscrutasse mais intimamente, anunciasse e expusesse fielmente a verdade revelada, tem o dever e o direito originário, independentemente de qualquer poder humano, de pregar o evangelho a todos os povos, utilizando até meios de comunicação social próprios.
>
> § 2º À Igreja compete anunciar sempre e em toda a parte os princípios morais, mesmo de ordem social, bem como emitir juízo acerca de quaisquer realidades humanas, à medida que o exijam os direitos fundamentais da pessoa humana ou a salvação das almas".

O cânon 747 é eminentemente constitucional. Inclusive pertencia ao esquema da malograda *Lex Ecclesiae Fundamentalis* (o projeto de constituição jurídica formal da Igreja).

Parodiando São João Paulo II, afirmamos que a Igreja católica é "sujeito social responsável pela verdade divina". O denominado *depositum fidei* vem sendo custodiado pela Igreja católica ao largo das centúrias. Para desempenhar missão tão augusta, a Igreja precisa de liberdade de atuação. É o princípio da *libertas Ecclesiae*, que deve ser respeitado por todas as nações do planeta.

Em contrapartida, ao dever da Igreja de predicar a Boa Nova de nosso Senhor Jesus Cristo, surge o direito dos membros da Igreja, isto é, dos batizados, de receberem o auxílio da palavra divina e dos sacramentos.

O parágrafo 2º do cânon em comento traz a lume competência primordial da Igreja, qual seja, comunicar os princípios morais de ordem social e emitir juízos particulares. Observe-se, no entanto, que os juízos particulares têm de se nortear pelos princípios genéricos e jamais confluirão em pareceres concretos, pois não existe a "solução católica". Cabe mormente aos leigos engendrar soluções, imbuindo e aperfeiçoando a realidade temporal com o espírito do evangelho. Estudaremos este ponto, vale dizer, o papel constitucional do leigo, com certa amplitude, no capítulo 3º. Um exemplo pode elucidar o problema. Sua santidade, o papa são João Paulo II, pranteado sucessor de São Pedro, defendeu a necessidade da reforma agrária no Brasil, mas nunca delineou um plano de ação. Isto é competência dos leigos e do Estado, não da hierarquia eclesial. No entanto, os discursos do santo padre, principalmente quando visitou o Brasil pela primeira vez, embasam-se em princípios gerais da doutrina social da Igreja, como, a função social da propriedade privada, entre outros.

i) Instituições votadas à santificação (cânon 834)

Eis a tradução do cânon 834:

> "§ 1º A Igreja desempenha o múnus de santificar de modo peculiar pela sagrada liturgia, que pode considerar-se como o exercício do múnus sacerdotal de Jesus Cristo, na qual por meio de sinais sensíveis se significa e, segundo o modo próprio de cada um, opera-se a santificação dos homens, e pelo corpo místico de Jesus Cristo, cabeça e membros, exerce-se o culto público integral de Deus.
> § 2º Esse culto se realiza quando exercido em nome da Igreja por pessoas legitimamente escolhidas e por meio de ações aprovadas pela autoridade da Igreja".

O cânon 834, que abre o livro V do CIC, resume o que sejam as instituições votadas à santificação. Deveras, quando o legislador alude à liturgia no §1º, fá-lo em sentido amplo, visando mormente aos sacramentos, isto é, os sinais de direito divino positivo instituídos pelo divino fundador da Igreja, referidos, em seguida, no próprio texto.

Note-se que a função santificadora da Igreja não se esgota na liturgia, nem mesmo nos sete sacramentos, mas tem na liturgia e nos sacramentos o modo excelso de realização. A santíssima eucaristia é o centro da vida da Igreja. Se a Igreja santifica o mundo, incluindo os não crentes, esta linfa vivificante se haure dos sacramentos.

As pessoas legitimamente escolhidas (*personis legitime deputatis*) são, quase sempre, pessoas do sexo masculino. No que tange aos sacramentos, apenas o batismo e o matrimônio (por razões óbvias) podem ser administrados por mulheres. Importante ressaltar também o fato de o legislador salvaguardar o *modus operandi*, exigindo-se ações aprovadas pela autoridade da Igreja. Podemos pensar aqui na imperiosidade de o celebrante ater-se humildemente às rubricas.

j) Instituição sacramental (cânon 840)

Eis a tradução do cânon 840:

> "Os sacramentos do Novo Testamento, instituídos pelo Senhor Jesus Cristo e confiados à Igreja, uma vez que são ações de Cristo e da Igreja, constituem sinais e meios com que se exprime e fortalece a fé, se presta culto a Deus e se opera a santificação dos homens e, portanto, contribuem sumamente para fomentar, confirmar e manifestar a comunhão eclesial. Por isso, os ministros sagrados e os demais fiéis devem celebrá-los com suma veneração e devida diligência".

Tão caros à Igreja são os sete sacramentos, que o cânon em apreço os define e explica sua origem. Delineia-se, assim, uma Igreja sacramental. Eis um apanágio da Igreja de Cristo que não pode ser obscurecido: a administração dos sete sacramentos com centralidade no santíssimo sacramento, ou seja, na eucaristia.

Mais uma vez, conforme escrevemos acima, a grande importância de os ministros e demais fiéis celebrarem os ritos litúrgicos com veneração e devida diligência. No que incumbe aos clérigos, leia-se: acatamento completo e humilde das rubricas, sem inovações desrespeitosas e, muita vez, sacrílegas.

k) Critério de ação e objetivo último da Igreja (cânon 1752)

Eis a redação do cânon 1752:

> "Nas causas de transferência, apliquem-se as prescrições do cânon 1747, respeitando-se a equidade canônica e tendo diante dos olhos a salvação das almas que, na Igreja, deve ser sempre a suprema lei".

O cânon 1752, derradeiro dispositivo legal do CIC, tem natureza constitucional porque determina um elemento da identidade da Igreja: a salvação das almas como suprema lei da sociedade fundada por Jesus Cristo. De fato, Jesus instituiu a Igreja, com vistas à salvação da humanidade. A Igreja católica é o corpo místico de nosso Senhor. Na atualidade, assistida pelo Espírito Santo, continua a barca de São Pedro a ação salvífica do messias, isto é, torna o salvador presente neste mundo. Por isso, o Concílio Vaticano II ensina que a Igreja também é sacramento, analogicamente falando.

Todas as ações das autoridades eclesiásticas devem ser praticadas sob a luz do princípio de que a salvação das almas é a suprema lei da Igreja. Não se trata de mitigar a justiça, mas de fazê-la valer ao caso concreto na ótica da salvação das almas. A equidade canônica tempera-se, digamos assim, com o desiderato sempre presente de salvar as almas, em todas as situações. Este escopo salvífico deputa-se às autoridades da Igreja, mas igualmente aos fiéis, diuturnamente instados a agir uns com os outros sob a égide desse benfazejo princípio evangélico, que não deixa de ser expressão jurídica do amor recíproco que devemos uns aos outros.

CAPÍTULO 2

NOÇÕES GERAIS DE DIREITO NATURAL

O *constitucionalismo* dos séculos XIX e XX prorrompe como antídoto contra o exacerbado positivismo jurídico. Quando não havia constituições (*lex legum*) no sentido formal, como as há hoje em dia, as leis se interpretavam sob o portentoso facho do direito natural, então aceito pela sociedade[41] até o alvorecer da idade moderna.

A constituição estatal escrita e rígida, historicamente, tem o condão de preservar o mínimo, digamos assim, dos bens albergados pelo direito natural. Algumas das denominadas *cláusulas pétreas*, artigos intangíveis da constituição, salvaguardam valores relevantíssimos e augustíssimos para o ser humano, como, por exemplo, o direito à vida desde a concepção.

Neste ponto do nosso livro, discorreremos acerca do direito natural, presente tanto nas constituições estatais quanto na *constituição* da Igreja católica. Despiciendo asserir que o direito natural é, também, direito divino. Com efeito, o direito divino "subdivide-se" em *direito divino natural* e *direito divino positivo*. A indissolubilidade do matrimônio válido e consumado, exemplificativamente, correspon-

[41] Na verdade, a sociedade em si aceita o direito natural ou *jusnaturalismo*, pois o homem comum crê em Deus. Ocorre, todavia, que a maioria dos governantes não leva em conta os valores evangélicos nem quando se elabora a lei, nem no instante de pô-la em prática. Nisto os leigos políticos, infelizmente, são omissos, vez que deixam de cumprir sua precípua vocação de animar e aperfeiçoar a ordem temporal com os valores do evangelho (cf. cânon 225, § 2º).

de a ditame do direito divino positivo[42]. A Igreja católica no Brasil (clérigos e leigos) pugnou bravamente contra a "lei do divórcio", porquanto o rompimento do vínculo conubial ofende Deus e importa menoscabo da família e deliquescência dos costumes, mas, por desgraça, sobreveio em 1977 uma *emenda constitucional*, pondo abaixo a indissolubilidade do casamento.

O presente capítulo se seccionará em duas partes. Na primeira, abordaremos o direito natural; na segunda, enfocaremos os dispositivos de direito natural encontradiços no código canônico.

Vale lembrar que o direito natural também integra a constituição da Igreja.

1. Definição de *direito natural*

É deveras árduo engendrarmos a definição de *direito natural* em meio à farragem de escolas que propugnam concepções assaz díspares, quando não contrastantes entre si ou de vertente agnóstica. Desta maneira, recorramos à solidez dos ensinamentos do *apóstolo das gentes*, São Paulo, a fim de apreendermos o lídimo sentido de direito natural, consignado na constatação de que "(...) os gentios, não tendo lei, fazem naturalmente o que é prescrito pela lei (...) pois mostram a obra da lei gravada em seus corações, dando disto testemunho sua consciência e seus pensamentos que alternadamente se acusam ou defendem (...)".[43]

Daniel Cenalmor cunhou a seguinte definição de direito natural:

> "O direito natural é parte da lei natural escrita por Deus no coração do homem (Rm 2,15), que se refere às relações de justiça; ou, com definição mais precisa: o conjunto de

[42] Mc 10,8.

[43] Rm 2,15.

> fatores jurídicos inerentes à natureza humana que operam na ordem natural".[44]

Johannes Messner difine o direito natural com estas palavras:

> "O direito natural é a ordem das competências próprias do indivíduo e das unidades sociais, que se baseiam na natureza humana e suas responsabilidades específicas".[45]

Em face dos dois lapidares conceitos ora transcritos, devemos concluir que o fundamento do direito natural é a *natureza humana*, donde se infere a imprescindibilidade de adequada antropologia teológica. O homem, criado à imagem e semelhança de Deus[46], historicamente redimido por nosso Senhor Jesus Cristo[47], está vocacionado a buscar *a verdade*, requisito da própria existência do direito natural. Nada obstante, atualmente, a verdade rasteja eclipsada num emaranhado de "verdades". Cada um tem sua verdade! É a "ditadura do relativismo"[48], à qual aludiu o então cardeal Ratzinger no limiar do conclave que o conduziria ao sólio pontifício:

> "Quantos ventos de doutrina conhecemos nestes últimos decênios, quantas correntes ideológicas, quantas modas do pensamento... A pequena barca do pensamento de muitos cristãos foi muitas vezes agitada por estas on-

---

[44] Cenalmor, Daniel. *El Derecho de la Iglesia* (Co-org.: Jorge Miras). EUNSA, Navarra, 2004, p. 51.

[45] Messner, Johannes. Ética Social, Editora Quadrante, São Paulo, p. 292.

[46] Gn 1,26.

[47] Hb 2.

[48] Tenho a impressão (é um posicionamento pessoal!) que na época da *ditadura militar* brasileira, malgrado os infortúnios inerentes ao regime de exceção, a sociedade de um modo geral, incluindo a classe média, acatava padrões de uma única verdade, alicerçada nos valores do cristianismo. Com a redemocratização e a flagrante inatividade, sobretudo dos leigos formadores de opinião, instalou-se a ditadura do relativismo da verdade e, por conseguinte, da ética privada e pública.

> das, lançada de um extremo ao outro: do marxismo ao liberalismo, até à libertinagem, ao coletivismo radical; do ateísmo a um vago misticismo religioso; do agnosticismo ao sincretismo e por aí adiante. Cada dia surgem novas seitas e realiza-se quanto diz São Paulo acerca do engano dos homens, da astúcia que tende a levar ao erro (cf. *Ef* 4,14). Ter uma fé clara, segundo o credo da Igreja, muitas vezes é classificado como fundamentalismo. Enquanto o relativismo, isto é, deixar-se levar 'aqui e além por qualquer vento de doutrina', aparece como a única atitude à altura dos tempos hodiernos. Vai-se constituindo uma *ditadura do relativismo* que nada reconhece como definitivo e que deixa como última medida apenas o próprio eu e as suas vontades".[49]

Cerramos este item com a enlevada conclusão de que o direito positivo, mormente o estatal, se acercará do ótimo jurídico tanto quanto se compaginar com o direito natural, conforme as definições exibidas.

2. Realidade do direito natural

Os críticos do direito natural afirmam não haver princípios jurídicos atemporais, uniformes e universais, válidos em todos os lugares, nos variegados recantos do planeta, nas diversas culturas e religiões. Asseveram, pois, que o direito natural consiste no máximo em *princípios formais*, sem qualquer conteúdo. Desta feita, dizem, não se verifica uma *consciência jurídica* comum à totalidade dos homens.

[49] Ratzinger, Joseph (Papa Bento XVI). *Santa missa "pro eligendo romano pontífice"*, homilia proferida em Roma aos 18.4.2005.

3. Conhecimento do direito natural

Diz-se que um dos maiores erros concernentes ao direito natural constitui em declarar sua evidência. Assim se expressa J. Sauter:

> "O grande erro da doutrina jusnaturalista seria o da *evidência* do direito natural. Opondo-nos frontalmente a esta teoria, geralmente dominante, afirmamos com provas irrefutáveis que o direito natural não é evidente (...) Os princípios supremos que se apontaram como tais: *bonum est faciendum, malum vitandum, quod tibi non vis fieri* etc., *suum cuique tribuere, honeste vivere* etc. – não passam de sonoros enunciados, puramente formais, sobre o direito natural; o que é o *bonum* ou *honestum* 'em si' ou 'para nós', isto não no-lo dizem semelhantes enunciados, a despeito de serem totalmente evidentes. Para o sabermos, temos de atravessar difícil caminho pela ordem do ser em que nos achamos, como reconheceu o idealismo aristotélico-escolástico".[50]

A *capacidade de conhecer* os tais princípios universais de direito natural é evidente. Este é um dom inegável da razão: ser capaz de conhecer os princípios. Todavia, para adentrarmos o *conteúdo* dos indigitados princípios, é-nos forçoso realmente percorrer a *ordem do ser*, como nota Sauter, ou seja, devemos responder às perguntas: o que é bom? O que é mau?

O homem frui do *instinto à felicidade*. A partir desse instinto, plenamente desenvolvido no seio familiar, conhecem-se os princípios universais e estabelecem-se os respectivos conteúdos. O anseio pela justiça, por exemplo, desponta inato no ser humano e os parâmetros do que é justo ou injusto se gestam no recesso do lar, ainda que se trate de justiça egocêntrica, fruto de educação deficitária.

---

[50] Citado por Messner, *in Ética Social*, Editora Quadrante, São Paulo, páginas 300 e 301.

Mesmo nas circunstâncias extremamente torpes da vida, como, por exemplo, na execução sumária de um bandido acusado de traição por seus comparsas, efetua-se algum tipo de julgamento, o qual eventualmente consistirá tão só na pergunta: por que você nos traiu? Tal postura dos assassinos se explica pelo influxo do lânguido senso de justiça que ainda medra no coração deles. É o direito natural indelével, resistente aos ingentes opróbrios do drama humano.

De acordo com o que escrevemos acima, o conhecimento do direito natural é plenamente factível no contexto da família e da comunidade, conforme explica Messner:

> "É a própria natureza do homem que o arrasta àquela ordem de vida comunitária da família que possibilita a todos uma existência humana. Não se trata aqui de percepções teoréticas da natureza humana; o que importa é antes a experiência que o homem tem daquilo que lhe faz falta para satisfazer os anseios físicos e espirituais mais importantes".[51]

Essa *necessidade* do homem, o que lhe *faz falta*, tanto do ponto de vista material como espiritual, implica a capacidade de conhecer o direito natural e suscita a eclosão dos valores morais (conteúdo do direito natural) por meio dos relacionamentos intersubjetivos. Em vista desta realidade, vê-se o porquê de a Igreja se preocupar tanto com a chamada "família tradicional" (homem, mulher e filhos), "fustigando" modelos familiares que não condizem com a biologia humana[52]. Parece que apenas a família monogâmica, embasada em um varão e uma mulher com a prole, está cabalmente capacitada para fornecer ao homem os meios indispensáveis ao completo amadurecimento e, por conseguinte, à cognição do conteúdo do direito natural.

---

[51] Johannes Messner. Ética Social, Editora Quadrante, São Paulo, p. 302.

[52] *Vide* o documento "Considerações sobre os projetos de reconhecimento legal das uniões entre pessoas homossexuais" (Congregação para a Doutrina da Fé, junho de 2003).

Sem o referencial da família, é impossível o despontar no homem de *instintos* naturais, na avaliação de Messner, como o amor, o respeito mútuo, a amizade recíproca, a consideração pelo bem de todos e da comunidade em geral, o desejo de bem comum etc. Desta feita, quem diz que os princípios de direito natural são meramente *formais* tece tão somente elucubrações teoréticas a propósito do homem que contradizem a realidade. Leciona Messner:

> "De fato, estes princípios possuem já o conteúdo determinado quando o homem, em conformidade com a sua natureza, dá os primeiros passos da sua existência social".[53]

Os princípios de direito natural, que não são meramente formais, na ótica de Messner, então, apreendem-se primordialmente na família e na comunidade social. Desde que o homem enceta por usufruir do uso da razão, este processo cognoscitivo avança normalmente. Antes disso, o fenômeno natural não ocorre, já que para a criança de tenra idade o que provoca dor é ruim e o que causa prazer é bom; assim, por exemplo, um infante vislumbra a vacina como algo ruim, porque fá-lo chorar.

4. Conteúdo do direito natural

Não dissertaremos sobre cada um dos princípios universais de direito natural. Isto extrapolaria o escopo de nossas disquisições acerca do direito constitucional canônico. Limitar-nos-emos a arrolar os aludidos princípios, transcrevendo o escólio de Messner quando reputarmos convinhável.

De fato, esclarece Messner:

---

[53] Johannes Messner. Ética Social, Editora Quadrante, São Paulo, p. 303.

> "O desenvolvimento da consciência jurídica e das aspirações jurídicas dá-se sobretudo no desenvolvimento progressivo daquela harmonia entre a apreensão dos princípios (ordem da razão) e a apreensão das coisas (ordem do ser), que a própria natureza estabelece originalmente; dá-se, afinal, no desenvolvimento dos princípios morais e jurídicos simples que o homem vive, apreende e conhece no seu conteúdo, como ser familial. Surgem-lhe, assim, a pouco e pouco, as noções fundamentais sobre os deveres e os direitos (...)".[54]

Neste diapasão, corporificam o direito natural, sendo sua substância jurídico-obrigacional, os *direitos e deveres relativos à conservação da vida humana*, à *fidelidade, à palavra empenhada*, o *respeito pelo bom nome de outrem*, o *direito à liberdade*, o *direito à defesa*, o *respeito pela propriedade*, à *honradez na observância dos acordos* (*pacta sunt servanda*), a *obediência à autoridade legítima*, a *vontade constante e perpétua de dar a cada um o que é seu* (*suum cuique tribuere*) etc. Em síntese, *fazer o bem* e *evitar o mal*.

Situa-se, outrossim, na órbita do direito natural a festejada "regra de ouro" ou ética da *reciprocidade*, amiúde expressa num destes dois apotegmas: "cada um deve tratar os outros como gostaria de ser tratado" (concepção afirmativa) ou "cada um não deve tratar os outros como não gostaria de ser tratado" (concepção negativa). Pergunta-se: que cultura, civilização ou mesmo religião desabonaria a *regra de ouro*? Ou melhor: que cultura, civilização ou mesmo religião não coalesce, ao menos em teoria, com este princípio de direito natural?

Jesus mesmo reitera essa regra de ouro, isto é, esse princípio de direito natural, admoestando-nos com estas palavras: "Tudo aquilo, portanto, que quereis que os homens vos façam, fazei-o vós a eles, porque isto é a lei e os profetas".[55]

---

[54] *Ibidem*, p. 307.

[55] Mt 7,12.

O decálogo ou *dez mandamentos da lei de Deus* é a manifestação privilegiada do direito natural. Embora revelado na história, transcrito no testamento velho, é acessível à razão humana. "Desde as origens, Deus tinha inscrito no coração dos homens os preceitos da lei natural; depois limitou-se a recordá-los" (Santo Ireneu de Lyon). O decálogo contém a lei moral natural e universal.

Em suma, nenhuma comunidade florescerá se olvidar o direito natural. Portanto, princípios como o *individualismo* e o *coletivismo*, sob cujas égides se inflamou o incêndio das duas grandes guerras mundiais, são falsos e decerto vão de encontro ao direito natural. O próprio Kelsen, corifeu dos positivistas e neopositivistas ("justo porque está na lei"), teve de inventar uma *regra metafísica*, a "norma hipotética universal", veiculada neste imperativo: *cumpre a constituição.*

5. O direito natural aplicado ao direito canônico

Expusemos que o direito constitucional canônico, composto de normas de direito divino positivo, excele ao direito canônico humano ou eclesial (*princípio da constitucionalidade*). Idêntico regramento vale no que tange ao direito divino natural ou, simplesmente, direito natural. De fato, tanto o Estado quanto a Igreja se subsomem ao direito natural. Em última análise, a lei eclesial ou civil que vulnerar o direito natural assume o caráter de lei iníqua e, segundo santo Tomás de Aquino, ninguém está obrigado a cumprir uma lei que profligue o direito natural, pois tal lei converte-se em "corrupção da lei".[56]

Roborando o que redigimos no parágrafo anterior, Alain Sériaux industria que "tanto na Igreja como fora dela, as determinações do direito positivo só são admitidas à medida que sejam conformes à razão"[57], em outras palavras, concordes com o direito

[56] ST I-II, 95,2.

[57] Alain Sériaux. *Diccionario General de Derecho Canónico* (organizadores: Javier Otaduy, Antônio Viana e

natural. Infelizmente, estamos cônscios de que o Estado, muita vez, desrespeita flagrantemente o direito natural, quando, por exemplo, admite o abortamento.

Neste passo, examinemos alguns cânones do *Codex Iuris Canonici* (CIC) relativamente ao direito natural.

a) Cânon 24

Eis a tradução do cânon 24 do CIC:

> "§ 1º Nenhum costume contrário ao direito divino pode alcançar força de lei.
> § 2º Também não pode alcançar força de lei o costume *contra* ou *preater ius canonicum*, se não for razoável. O costume que é expressamente reprovado no direito não é razoável".

O parágrafo primeiro reporta-se expressamente ao direito divino positivo. À luz de nosso estudo, constatamos que o direito divino positivo, oriundo da revelação divina, predomina sobre quaisquer leis ou ordenamentos jurídicos da Igreja. Não obstante, o parágrafo 2º, que nos toca mais de perto, preceitua que não alcançará força de lei o costume que não for razoável (*nisi sit rationabilis*). Deduz-se que o *não razoável* ou *irracional* conflita com o direito natural, uma vez que os ditames do direito natural foram gravados por Deus na *razão humana*. Do mesmo modo que chegamos ao conhecimento de Deus pela razão, independentemente da revelação, aquilatamos as injunções do direito natural igualmente pela razão.

O cânon em apreço reza sobre o costume (*consuetudo*). Contudo, uma lei elaborada pela autoridade eclesiástica competente que

Joaquim Sedano), Universidade de Navarra, Pamplona, 2012, vol. III, p. 155.

destoe da razão, vale dizer, uma *lei irracional*, também não será válida, em virtude de afrontar o direito natural.

b) Cânon 27

Eis a tradução do cânon 27:

> "O costume é um ótimo intérprete da lei".

Antolha-se-nos nesse cânon mais uma aplicação do direito natural no direito canônico. Deveras, o costume canônico funciona como critério para avaliar a higidez de determinada lei. O liame do direito consuetudinário (conjunto dos costumes) com o direito natural é clarividente, porque, como ensina santo Tomás de Aquino, "quando um ato se repete bastas vezes, demonstra emanar de um juízo deliberado da razão"[58] e, portanto, vinculado ao direito natural. Aliás, esta aferição do Doutor Angélico é assaz comprovável no plano empírico, a partir do instante em que nos deparamos com situações nas quais a comunidade observa a lei ou o costume *normalmente*, diríamos mesmo, *prazerosamente*, em comparação com outras ocasiões em que certas leis *pesam* nos ombros dos súditos. Aparentemente, os costumes têm o condão de ser mais bem aceitos, porque espontaneamente gestados no grêmio da comunidade. Isso não significa que leis menos *aprazíveis* se oponham ao direito natural. Na verdade, temos de considerar a condição pecaminosa do homem, sua concupiscência e propensão para prática do mal.

---

[58] ST, I-II, q. 97, a. 3.

c) Cânon 199

Eis a tradução de parcela do cânon 199:

> "Não são passíveis de prescrição:
> 1º Direitos e obrigações **decorrentes da lei divina natural ou positiva**".

A *prescrição* é instituto que afeta o exercício do direito. Todo direito nasce, vive e morre! Desta feita, exemplificativamente, na área civil o direito ao crédito de uma dívida, em certas hipóteses, prescreve ou preclui em cinco anos. Poderíamos tomar o termo *prescrição* em sentido latíssimo e falarmos também da prescrição ou decadência dos prazos processuais peremptórios, tanto no direito estatal como no direito canônico. Do instituto da prescrição despontou o axioma vazado em latim: *ius non sucurrit dormentibus*. Assim, escoado o prazo de direito material ou mesmo exaurido *in albis* o termo assinado pelo juiz no processo, não há mais que se falar em direito. Esta é a regra geral. Sem embargo, o cânon em análise excepciona as faculdades e obrigações provenientes do direito divino natural (ou meramente *direito natural*) e do direito divino positivo. Realmente, os *direitos de Deus*, quer os revelados quer os inscritos no coração humano, não são passíveis de prescrição. Isto é óbvio e ululante, todavia, o supremo legislador houve por bem selar o aludido princípio na letra do código canônico.

d) Cânon 214

Eis a tradução do cânon 214:

> "Os fiéis têm o direito de prestar culto a Deus segundo as determinações do próprio rito aprovado pelos legítimos

> pastores da Igreja e de seguir sua própria espiritualidade, conforme, porém, à doutrina da Igreja".

A prerrogativa ou faculdade de prestar culto a Deus é direito natural do ser humano, abroquelado igualmente pelo Estado. Portanto, o cânon 214, antes de tutelar um *direito divino positivo*, presta-se a custodiar um *direito natural*, embora, como é lógico, o direito divino positivo preveja a latria (santa missa)[59] e a discipline canonicamente[60].

e) Cânon 215

Eis a tradução do cânon 215:

> "Os fiéis têm o direito de fundar e dirigir livremente associações para fins de caridade e piedade, ou para favorecer a vocação cristã no mundo, e de se reunirem para a consecução comum dessas finalidades".

O cânon 215 visa a proteger o direito natural de reunião. O Estado brasileiro outrossim reconhece tal direito natural e ampara-o na constituição da república. No caso específico desse cânon, o supremo legislador quis garantir tanto a clérigos quanto a leigos a possibilidade de criarem instituições jurídicas (associações, pessoas jurídicas, sociedades etc.) que facilitem a vivência da vocação batismal. Principalmente os leigos têm aqui a tutela canônica de seu direito natural de fundar associações reconhecidas pela autoridade eclesiástica.

---

[59] Lc 22,19.

[60] Cânon 1247.

f) Cânon 218

Eis a tradução do cânon 218:

> "Os que se dedicam ao estudo das ciências sagradas gozam da justa liberdade de pesquisar e de manifestar com prudência o próprio pensamento sobre aquilo em que são peritos, conservando o devido obséquio para com o magistério da Igreja".

O cânon 218 é lídima pérola do direito natural. Com efeito, é exatamente a capacidade de pensar que distingue o homem dos outros animais. Se o cérebro humano é quase igual ao do macaco, o pensamento se produz não só pelo órgão físico, mas primordialmente pela alma, pois os símios não pensam e, por este motivo, não falam, não se expressam. Coarctar o direito do fiel de exprimir o pensamento equivale a reduzi-lo a um bruto. Daí a relevância de se defender esse direito natural cujo *exercício livre* praticamente define a essência do homem.

g) Cânon 220

Eis a tradução do cânon 220:

> "A ninguém é lícito lesar ilegitimamente a boa fama de que alguém goza, nem violar o direito de cada pessoa a defender a própria intimidade".

O direito natural à intimidade permeia as entranhas do ser humano. Cada homem, templo do Espírito Santo[61], na intimidade,

61 1Cor 6,19.

estabelece profícuo contato com Deus. A intimidade se concebe como genuíno sacrário, onde o homem se "desnuda" e, sem peias, descortina a identidade verdadeira.

h) Cânon 1078

Eis a tradução de parcela do cânon 1078:

> "O ordinário local pode dispensar os seus súditos, onde quer que se encontrem, e todos os que se acham no seu território, de todos os impedimentos de direito eclesiástico, exceto aqueles cuja dispensa se reserva à sé apostólica.
> (...)
> §3º Nunca se dá dispensa do impedimento de consanguinidade em linha reta ou no segundo grau da colateral".

Observe-se que não se trata de impedimento com fulcro no direito divino positivo. Todavia, boa parcela da doutrina ensina que o mencionado impedimento é de direito natural[62]. No âmbito estatal, a contagem dos graus de parentesco se efetiva de forma um tanto quanto distinta do método canônico.

i) Cânon 1163

Eis a tradução do cânon 1163:

> "§1º Pode ser sanado o matrimônio nulo por impedimento ou por falta de forma legítima, contanto que persevere o consentimento de ambas as partes.

62 Talvez São Mateus estivesse aludindo a um impedimento deste tipo quando escreveu que o marido não pode repudiar a mulher, "exceto por motivo de fornicação" (Mt 19,9). Os exegetas atestam que o vocábulo grego "porneia", empregado por são Mateus, designa relações incestuosas.

> § 2. O matrimônio nulo **por impedimento de direito natural** ou divino positivo só pode ser sanado depois de cessado o impedimento".

Vê-se no vertente cânon, mais uma vez, a força do direito natural e sua ascendência lancinante sobre qualquer outra norma jurídica. A conhecida "sanação na raiz", procedimento administrativo e não judicial, jamais importará a dispensa de impedimento de direito natural. Por exemplo, o matrimônio írrito em virtude da impotência[63] de um dos nubentes só se sanará na hipótese de a patologia da impotência ser revertida dalgum modo. A dispensa de impedimento de direito natural está reservada à sé apostólica.[64]

j) Cânon 1290

Eis a tradução do cânon 1290:

> "Observe-se no direito canônico, com idênticos efeitos, a legislação civil, geral ou especial, do território, sobre contratos e pagamentos, no que se refere às coisas sujeitas ao poder de regime da Igreja, a não ser que essa **legislação seja contrária ao direito divino** ou haja outra determinação do direito canônico, salvo o cânon 1547".

É claro que a chamada "*canonização* do direito civil" enfrenta, inexoravelmente, a barreira do direito divino positivo e do direito natural. Nenhuma norma jurídica civil ou estatal que doeste os princípios de direito natural se agasalhará no ordenamento canônico. A norma é bastante útil, pois nem sempre se logra coonestar

[63] Cânon 1084, § 1º.

[64] Cânones 85 e 1078 do CIC.

a legislação do Estado, maiormente em matérias como matrimônio, adoção de crianças etc.

k) Cânon 1299

Eis a tradução de parte do cânon 1299:

> "§1º Quem pode dispor livremente de seus bens, **por direito natural** e canônico, pode deixar seus bens para causas pias, tanto por ato *inter vivos* como por ato *causa mortis*".

As doações não se jungirão apenas aos parâmetros estabelecidos pelo direito estatal ou civil. É certo que o contrato de doação, para ser eficaz, não fará menoscabo das leis civis atinentes. Nada obstante, o supremo legislador anela pela cabal congruência entre a munificência de doar e o direito natural. Por exemplo, não se tolerariam doações com cláusulas infactíveis (contrato impossível) ou em detrimento da moral e dos bons costumes ou, ainda, que minguassem à penúria os recursos financeiros do doador, colocando-o em risco de vida etc.

CAPÍTULO 3

MEMBROS DA IGREJA

Esta sociedade eminente e magnífica, a Igreja católica, que nosso Senhor Jesus Cristo instituiu[65], tem desenvolvido, ao longo dos séculos, uma série de mecanismos jurídicos, os quais viabilizam a evangelização[66]. Sem o ordenamento jurídico, a Igreja não lograria visibilidade social, no sentido de marcar efetiva presença no mundo, participando como entidade atuante, ao lado de outros entes também ativos. Desprovida do direito objetivo, a Igreja careceria de meios para externar sua constituição, a qual deflui da vontade fundacional de nosso Senhor Jesus Cristo e possui natureza jurídica (direito divino).[67]

Cada época desvela suas peculiaridades jurídicas, não só para a Igreja, mas para a totalidade das pessoas físicas e jurídicas (sujeitos do direito). Assim, a constituição canônica se materializa, isto é, torna-se jurídica sempre *hic et nunc*, em dado instante histórico, com respeito à visão jurídica do período em que se vive. Hoje em dia, por exemplo, a técnica da codificação, utilizada pela maioria dos Estados, foi igualmente absorvida pela Igreja desde 1917. Desta feita, certos direitos de natureza constitucional, atualmente, encontram-se codificados (cânon 208 e seguintes do CIC).

---

[65] Mt 16,18.

[66] O termo "evangelização" é empregado aqui em sentido lato e significa o objetivo da Igreja.

[67] É absolutamente quimérica a ideia de frei Lutero, OSA, propugnando por uma Igreja exclusivamente carismática ou espiritual.

Neste capítulo, estudaremos, então, o *povo de Deus* na perspectiva institucional, o que não esgota a riqueza inexaurível da sociedade eclesiástica. Nosso estudo, é claro, se circunscreverá aos aspectos constitucionais da Igreja-instituição, demonstrando como a constituição da Igreja baliza todo o ordenamento jurídico e lhe dá *urdidura* e *ossatura*, preservando incólume o escopo da sociedade eclesial: a salvação dos homens (*salus animarum*).

1. Notas da Igreja

Dá-se o nome de "notas da Igreja" a determinados elementos típicos apenas da única Igreja de Jesus Cristo. Em primeiro lugar, convém esclarecer que o nome próprio da sociedade bendita erigida por nosso Senhor é tão somente "Igreja", sempre com a nona letra do alfabeto na forma maiúscula. "Católica", vocábulo preferencialmente grafado com cê minúsculo, concerne a um dos atributos ou notas da Igreja, que estudaremos a seguir. Se a palavra de origem grega, "católica", morfologicamente falando, não consta da bíblia sagrada, decerto o conceito de Igreja universal (sinônimo de Igreja católica) perpassa principalmente o testamento novo, máxime o livro Atos dos Apóstolos, que narra exatamente os primórdios da Igreja católica.

2. Igreja una santa católica apostólica romana[68]

No best-seller "A fé explicada", pe. Leo Trese observa o seguinte:

> "Ao constituir a Igreja como pré-requisito para nossa felicidade eterna, o Senhor não deixou de estampar nela,

[68] Penso que o modo correto de grafar é sem vírgulas, pois, a cotio, não se colocam vírgulas entre adjetivos, como no exemplo: "Mulher bonita formosa elegante".

> claramente, sua marca, o sinal de origem divina, e tão à vista, que não pudéssemos deixar de reconhecê-la no meio da miscelânea de mil seitas, confissões e religiões do mundo atual. Podemos dizer que a 'marca' da Igreja é um quadrado, e que o próprio Jesus Cristo nos disse que devíamos olhar para cada lado desse quadrado".[69]

Quando se alude às notas ou atributos da Igreja, geralmente não se inclui a "romanidade", com o perdão do neologismo, porque tal topografia, a rigor, não revela uma das notas da Igreja de Cristo, uma vez que, eventualmente, o sucessor de São Pedro poderia mudar-se para outra cidade, como, no século XIV, ocorreu com os Papas que governavam de Avinhão, na França, se bem que todos aqueles vigários de Cristo se reconheciam como bispos de Roma e aspiravam retornar à Cidade Eterna[70]. Todavia, não nos parece dogma de fé que a sede da Igreja católica tenha de se situar necessariamente na cidade de Roma (a Diocese de Roma), uma vez que *ubi Petrus, ibi Ecclesia*, e não o contrário. São Pedro, o primeiro Papa, antes de se fixar em Roma, passara por Alexandria e Antioquia, cidades que, logicamente, foram sedes da Igreja católica, posto que passageiras. É óbvio que a Diocese de Roma goza de imenso prestígio e circunscreve-se à assim chamada Cidade Eterna. Não seria louvável a mudança do papado para outro lugar, a menos que houvesse motivos assaz sérios. O episódio de Avinhão se deve a vicissitudes políticas que compeliram alguns pontífices a se refugiar na França.

O "quadrado", argutamente sinalizado por Leo Trese como marca registrada da Igreja, debuxa-se com as seguintes notas: una, santa, católica e apostólica. Destarte, mui humildemente, divergimos de

[69] TRESE, Leo. *A Fé Explicada*. Quadrante, São Paulo, 2011, páginas 143 e 144.

[70] Rops, Daniel. *A Igreja da Renascença e da Reforma*, vol. I, Quadrante, São Paulo, 1996, p. 13.

Hervada, que fala de "cinco" notas da Igreja, incluindo a "romanidae"[71]. Nosso dissenso se embasa no ensinamento de grandes teólogos, como, por exemplo, Bernado Bartmann[72], e, principalmente, na doutrina do Catecismo da Igreja Católica, *in verbis*:

> "Esta é a única Igreja de Cristo, que no símbolo confessamos una, santa, católica e apostólica. Estes **quatro atributos**, inseparavelmente ligados entre si, indicam traços essenciais da Igreja e de sua missão".[73]

Na melhor das hipóteses, o fato de a sede da Igreja se localizar na cidade de Roma constitui nota ou "propriedade acidental", mas não corresponde aos itens da "carteira de identidade" confeccionada pelo divino fundador. De qualquer modo, o adjetivo "romana", qualificativo da Igreja de Jesus Cristo, é extremamente importante, pois estabelece o liame inquebrantável com o sucessor de são Pedro, bispo da Diocese de Roma. É mister, portanto, compreender a dita "romanidade", principalmente na perspectiva do primado petrino e, sob esta ótica, podemos, então, asseverar que Jesus Cristo fundou a Igreja católica apostólica romana. Às quatro notas tradicionais da Igreja, Bartmann acrescenta a infalibilidade, a perenidade, a imutabilidade, a visibilidade e a liberdade do exercício da religião e da difusão externa[74].

a) Igreja una

Cristo, nosso Senhor, instituiu apenas uma Igreja, a Igreja católica apostólica romana. Essa afirmação, como escrevemos ante-

[71] HERVADA, Javier. *Elementos de Derecho Constitucional Canónico*. Eunsa, Pamplona, 2014, p. 71.

[72] BARTMANN, Bernardo. *Teologia Dogmática*, Edições Paulinas, São Paulo, 1962, p. 492, *in fine*.

[73] N. 811, grifos nossos.

[74] BARTMANN, Bernardo. *Teologia Dogmática*, Edições Paulinas, São Paulo, 1962, p. 492, *in fine*.

riormente, não depende de fé; respalda-se em dados históricos irrefutáveis. Por exemplo, ninguém duvida que Cristóvão Colombo descobriu a América. Da mesma forma, ninguém ousaria contestar que até o século XVI, quando da revolução protestante, todos os que professavam a doutrina de nosso Senhor se congregavam no grêmio da Igreja católica. Ninguém, ainda, refutaria o dado arqueológico de que os restos mortais do primeiro Papa foram encontrados no subsolo da Basílica de São Pedro, após escavações ordenadas por Pio XII. A eleição dos doze apóstolos é fato histórico inconteste, reconhecido pela unanimidade dos especialistas. Ora, os bispos são sucessores dos primeiros apóstolos. O protestantismo, como o próprio nome indica, veio *protestar* ou refutar a doutrina religiosa e a ordem jurídica vigentes por dezesseis séculos!

A Igreja una e única é, igualmente, universal. O antigo povo de Deus organizou-se em unidade política e religiosa. O novo povo de Deus, congregado na Igreja católica, compreende uma sociedade religiosa. A universalidade da Igreja se corporifica na *communio ecclesiarum*, entre outros elementos. Contudo, impossível aceitar a tese dos orientais ortodoxos, que veem a Igreja universal como simples conglomerado das Igrejas particulares, estando os bispos todos em pé de igualdade, inclusive o sumo pontífice, considerado apenas *primus inter pares*, e não chefe jurídico. Hervada elucida a questão: "Esta tese oriental **ortodoxa é heterodoxa**, pois, de acordo com ela, dever-se-ia negar – como se nega – o primado de jurisdição do Papa".[75] Não se sabe se o eminente canonista, de propósito, colocou, na oração, um ao lado do outro, os termos antitéticos *ortodoxo* e *heterodoxo*, mas soaram agradavelmente como tipo de chiste.

Abramos, aqui, um parêntese. No que se refere à Igreja Ortodoxa, ou, tecnicamente, às Igrejas Ortodoxas, é comum acre-

---

[75] HERVADA, Javier. *Elementos de Derecho Constitucional Canónico*, Eunsa, Pamplona, 2014, p. 81, grifos nossos.

ditar que o único impasse para a reunificação com os católicos diz respeito à aceitação do primado do Papa de Roma. Desta feita, quando os ortodoxos aceitarem o comando do bispo de Roma, tudo se resolverá; regressaremos, então, ao estado anterior a 1054, ano do cisma. Todavia, a situação não é bem assim. É muito mais complicada do que se pensa. Se não, leiamos o próximo item.

Distinções entre a Igreja católica e as Igrejas Ortodoxas

A forma do exercício do primado do bispo de Roma, chefe jurídico ou apenas *primus inter pares*, não é o único ponto de divergência doutrinal entre católicos e ortodoxos. Há outras questões importantes, de natureza teológica, litúrgica e disciplinar, sintetizadas nos 10 itens abaixo:

1) No que tange ao mistério da Santíssima Trindade, as Igrejas Ortodoxas afirmam que o Espírito Santo procede só do Pai; enquanto a Igreja católica ensina que o Espírito Santo procede do Pai e do Filho (*Filioque*).

2) As Igrejas Ortodoxas não admitem o dogma da imaculada conceição de Maria; sustentam que nossa Senhora nasceu com o pecado original e apenas ficou isenta dele no momento da anunciação.

3) As denominações componentes das chamadas Igrejas Ortodoxas rejeitam o dogma do purgatório. Creem que os que morrem antes de expiar todas as penas vão para o inferno, donde sairão pela misericórdia divina, excitada pelo sufrágio dos vivos (orações, missas, boas obras).

4) As Igrejas Ortodoxas rebatizam as pessoas já batizadas segundo a forma e matéria corretas. Além disso, conferem novamente a crisma aos apóstatas convertidos.

5) Pregam as Igrejas Ortodoxas que o sacramento da penitência perdoa não somente a pena eterna, mas também a temporal. Por isso, não dão valor às indulgências.

6) As Igrejas Ortodoxas, de um modo geral, conferem a unção dos enfermos (extrema-unção) aos fiéis saudáveis, com o objetivo de dispô-los ao sacramento da eucaristia.

7) As Igrejas Ortodoxas entendem que o sacramento da ordem não imprime caráter indelével.

8) Para os ortodoxos, o sacerdote é o ministro do sacramento do matrimônio. Além disso, admitem-se hipóteses de dissolução do vínculo matrimonial.

9) As comunidades integrantes das Igrejas Ortodoxas, em geral, só admitem o batismo por imersão. Não aceitam o batismo por infusão, prática comum na Igreja católica.

10) As Igrejas Ortodoxas professam que a transubstanciação ocorre após a epiclese (invocação do Espírito Santo) e não depois de proferidas as palavras da consagração. Além disso, costumam dar a comunhão eucarística a crianças de tenra idade.

b) Igreja santa

Fechemos o parêntese sobre as idiossincrasias das cismáticas Igrejas Ortodoxas e passemos a tratar de outra nota ou apanágio constitucional da Igreja que Cristo fundou há dois mil anos: a santidade. Deveras, a Igreja é santa. Pecadores são os homens que a compõem. Contudo, o divino fundador dotou a Igreja católica com sete sacramentos, a saber: batismo, crisma, eucaristia, penitência, unção dos enfermos, ordem e matrimônio. É da palavra sobrenatural, proferida por Deus e registrada até a morte do último apóstolo, donde a Igreja aufere santidade. Mas, são, também, os sacramentos, máxime a eucaristia, os canais por onde emana a santidade na Igreja.

Devemos, portanto, acatar *cum grano salis* o apotegma "Igreja santa e pecadora". Substancialmente, a Igreja só pode ser santa, porquanto instituída pelo santo dos santos. Todavia, como dissemos, os membros da Igreja militante ora correspondem ao chamado à santidade, ora fraquejam e caem. Mas, conforme dizia dom Helder Câmara, santo é aquele que cai e se levanta mil vezes.

O Concílio Vaticano II, de certa forma, inovou, ao convocar todos os homens à santidade; a "chamada universal à santidade". De fato, o referido concílio dedica um capítulo inteiro da constituição dogmática *Lumen gentium* para dissertar sobre o assunto. Não que a santidade fosse privilégio dalguns membros da Igreja, sobretudo da hierarquia, porém, não se enfatizava tanto a questão da santidade dos leigos. A santidade dos fiéis dá testemunho da santidade inerente à Igreja. O papa Francisco escreveu a exortação apostólica *Gaudete et exsultate*, sobre o chamado à santidade no mundo atual, mostrando como a santidade dos fiéis, sobretudo dos leigos, atua nas coisas mais simples da vida. Vejamos:

> "Gosto de ver a santidade no povo paciente de Deus: nos pais que criam seus filhos com tanto amor, nos homens e nas mulheres que trabalham para levar o pão para casa, nos doentes, nas consagradas idosas que continuam a sorrir. Nessa constância de continuar caminhando dia após dia, vejo a santidade da Igreja militante. Esta é muitas vezes a santidade 'ao nosso lado', daqueles que vivem perto de nós e são reflexo da presença de Deus ou – em outras palavras – da 'classe média da santidade'"[76].

Nada obstante, por mais que haja situações desastrosas envolvendo os pastores da Igreja (por exemplo, os casos de pedofilia praticados por

[76] N. 7.

clérigos), é notável como os fiéis e os indivíduos, de um modo geral, continuam a dar crédito à Igreja e à doutrina que ela comunica, mesmo os que não professam a religião católica. Por quê? Porque Cristo ornou a Igreja com a santidade dele e os reflexos de tal santidade se espraiam pelo mundo afora, a despeito do comportamento pecaminoso de muitos eclesiásticos e leigos. "Tu, Senhor, tens palavras de vida eterna. A quem recorreremos?"[77] Estas conjecturas do primeiro papa, são Pedro, mostram quão penetrante e potente é a mensagem do evangelho.

O Catecismo da Igreja Católica explica que a Igreja é indefectivelmente santa[78]. O advérbio propugna a "invencibilidade" da natureza santa da Igreja, ou seja, é impossível que a maldade dos homens e mesmo de importantes dignitários eclesiásticos se sobrepuje à santidade, vencendo-a. Observe-se que estamos falando de uma entidade jurídica, denominada canonicamente de "pessoa moral"[79], e não de alguma eminente personagem da hagiografia.

c) Igreja católica

O vocábulo "católico" é o aportuguesamento de palavra grega e significa "como um todo" ou "universal". A Igreja que Cristo fundou há dois mil anos se espalhou pelo mundo inteiro e, portanto, é universal. De fato, os arautos da primitiva Igreja, isto é, os apóstolos e seus sucessores imediatos (geração subapostólica) cumpriram estritamente o mandado do Senhor: "Ide, portanto, e fazei que todas as nações se tornem discípulas, batizando-as em nome do Pai, do Filho e do Espírito Santo e ensinando-as a observar tudo quanto vos ordenei".[80]

---

[77] Jo 6,68.

[78] N. 823.

[79] Cânon 113, § 1º do CIC.

[80] Mt 28,19.

O Catecismo da Igreja católica afirma que a Igreja de Jesus é católica porque nela está presente Cristo[81], subsistindo nela a plenitude do corpo de Cristo; é católica, ainda, porque Cristo a enviou em missão à universalidade do gênero humano[82]. Pontua didaticamente o pe. Leo Trese:

> "Além de ser universal no tempo (*todos* os dias desde Pentecostes) e universal na doutrina (*todas* as verdades ensinadas por Jesus Cristo, a Igreja católica levou a mensagem de salvação a todas as latitudes e longitudes da face da Terra, lá onde houvesse almas que salvar".[83]

Elucidativa a conclusão de Hervada:

> "Em virtude da universalidade da Igreja, qualquer outra comunidade religiosa, ainda que cristã, é fenômeno espúrio de origem humana. Ou é radicalmente falsa ou é parte da Igreja, que não vive a plenitude da comunhão".[84]

De fato, com o verbo *subsistir*[85], em vez do verbo *ser*, empregado na constituição dogmática *Lumen gentium*, de certa forma, patenteia-se a doutrina de que fora do redil católico podem existir elementos eclesiais verdadeiros, porém, se se trata de elementos autênticos, obtêm a referida autenticidade da própria Igreja católica. Por isso, Hervada refere à possibilidade de alguma comunidade religiosa ser parte da Igreja, mas não viver em plenitude de comunhão com a Igreja católica. Exemplo bastante corriqueiro é o sacramento do batismo, administrado validamente em muitas comunidades cristãs.

---

81 N. 830.

82 N. 831.

83 TRESE, Leo. *A fé explicada*, Quadrante, São Paulo, 2011, p. 152.

84 HERVADA, Javier. *Elementos de Derecho Constitucional Canónico*, Pamplona, Eunsa, p. 80.

85 Constituição dogmática *Lumen gentium*, n. 8b.

d) Igreja apostólica

Se existe verdade dogmática e histórica que ninguém nega, nem mesmo os detratores da Igreja, é que Jesus realmente escolheu doze apóstolos. Assim, um biblista do calibre e seriedade acadêmica, como o protestante Joaquim Jeremias, que peneira da bíblia o pouco que aceita de cientificamente histórico ou de *ipsissima verba Iesu* (palavras realmente saídas da boca do Jesus "histórico"), atesta a historicidade da eleição dos doze varões. Surge, então, a última nota da Igreja verdadeira: a apostolicidade. Vale dizer, depois da ressurreição e ascensão de nosso Senhor, foram esses homens que levaram adiante o evangelho e os sete sacramentos. A Igreja verdadeira descende desses doze homens intimoratos.

A Igreja católica, com efeito, precede em duzentos anos a confecção da bíblia sagrada[86]. O cânon que a Igreja elaborou das escrituras do antigo e do novo testamentos veio a lume apenas no século II. Antes disso, já havia missa, pregação, administração dalguns outros sacramentos[87] instituídos por nosso Senhor etc. Por isto, o Catecismo da Igreja Católica ensina que o cristianismo não é religião do livro[88]. Observe-se que o livro mais antigo do novo testamento, isto é, a Primeira Carta de São Paulo aos Tessalonicenses, veio a lume no ano 50 d.C., ou seja, 20 anos depois da ressureição do Senhor Jesus. Isto, falando apenas de um dos 26 livros do testamento novo. Entanto, as comunidades incipientes já participavam da missa dominical, como narra o livro Atos dos Apóstolos, escrito por São Lucas:

---

[86] Mesmo levando em conta os livros do testamento velho, porque coube a Igreja católica escolher os escritos divinamente revelados.

[87] Note-se que os sete sacramentos foram deveras instituídos por nosso Senhor Jesus Cristo. Contudo, nem todos os sacramentos foram promulgados pelo divino mestre. Assim, ao longo da história, a Igreja, inspirada pelo Espírito Santo, soube discernir determinados sacramentos, pondo-os à disposição do povo de Deus.

[88] Catecismo da Igreja Católica, n. 108.

> "No primeiro dia da semana [domingo], estávamos reunidos para partir o pão".[89]

Aludindo à celebração eucarística, São Paulo explica aos coríntios:

> "No primeiro dia da semana [domingo], cada um de vós ponha de lado o que conseguir poupar (...)"[90]

O apóstolo das gentes alude explicitamente à coleta da missa. A dinâmica da missa atual, na substância, corresponde exatamente – como não poderia deixar de ser – à eucaristia instituída por nosso Senhor, bem como à liturgia celebrada pelos primeiros cristãos. O documento antiquíssimo denominado *Didaché* (do grego, *instrução*), datado provavelmente de anos anteriores à destruição do Templo de Jerusalém, que ocorreu em 70 d.C.[91], transmite os detalhes da celebração eucarística, absolutamente congruentes com a missa hodierna. Desta feita, do capítulo VII em diante, a *Didaché* cita a consagração do pão e do vinho, a profissão de fé, a oração dos fiéis, a coleta, a oração dominical etc. Tudo preservado pela sucessão ininterrupta dos dozes apóstolos. Esse ritual manteve-se incólume até a revolução protestante, que criou outros ritos. Mesmo entre os luteranos, em cujos templos se celebra a "eucaristia", não se pode falar na transubstanciação do pão e do vinho no corpo e sangue de Jesus, porque falta a esses diletíssimos irmãos separados o sacerdote ordenado validamente por um sucessor dos apóstolos.

---

[89] Atos dos Apóstolos, 20-7.

[90] 1Cor 16,1.

[91] A *Didaché* é mais antiga que todos os livros do novo testamento, exceto a Primeira Carta de São Paulo aos Tessalonicenses.

3. Leigo e clérigo

O Concílio Vaticano II clarificou a doutrina constitucional acerca do *status* do católico no grêmio da Igreja. Definitivamente, restou comprovada a insuficiência da tese estamental, então sintetizada na frase *duo sunt genera christianorum* (dois são os gêneros de cristãos), de autoria desconhecida, recolhida no decreto de Graciano. Na Igreja, de fato, não há duas classes de fiéis, mas apenas uma, igualada pelo sacramento do batismo. Vige a igualdade jurídica, fundamentada na igualdade ontológico-sacramental[92]. O papa Francisco traduziu pastoralmente essa realidade canônico--constitucional, com a seguinte lição:

> "O sacerdócio ministerial é um dos meios que Jesus utiliza a serviço do seu povo, mas a grande dignidade vem do batismo, acessível a todos"[93].

Hervada explica que a doutrina estamental (personalista) entrou em crise com o Concílio Vaticano II:

> "Limitamo-nos agora a dizer que esta versão (a que qualificamos de estamental) foi posta em crise pela doutrina do Concílio Vaticano II, ao proclamar a radical igualdade dos cristãos com a distinção de funções. Não há duas classes ou gêneros de cristãos; só há uma classe de cristãos, os fiéis, os discípulos de Cristo"[94].

---

[92] Igualdade, contudo, não quer dizer igualitarismo, o qual a Igreja aborrece. A heresia do igualitarismo é perniciosa tanto para a sociedade eclesial quanto para a sociedade política. Igualdade no essencial e diferença no acessório, eis como a doutrina católica contempla o problema.

[93] *Evangelii Gaudium*, 104.

[94] HERVADA, Javier. *Elementos de Derecho Constitucional Canónico*, Eunsa, Pamplona, 2014, p. 170.

A tão celebrada "vocação universal à santidade", explanada no capítulo V da constituição dogmática *Lumen gentium*, desmistifica a tendência em fazer acepção entre clérigo e leigo. Antanho, certa mentalidade minimalista entendia que a santidade estava reservada aos clérigos, máxime aos fiéis (clérigos ou leigos) que vivem no claustro dalguma religião.

Continuando a denunciar a falsidade da opinião que preconiza a desigualdade entre clérigo e leigo, Hervada ensina que o clérigo não é cristão mais pleno, ontologicamente falando, porque a maturidade cristã se obtém com a recepção do sacramento da crisma e não com a ordenação.[95] Para o canonista espanhol, a ordem é conferida em vista do serviço na Igreja e não produz, sacramentalmente, algo como a "plenitude da filiação divina".

Todos os homens são filhos de Deus, criados à imagem e semelhança da Santíssima Trindade[96]. Não há seres humanos melhores ou piores, do ponto de vista ontológico. Há-os, isto sim, na perspectiva da santidade, da resposta que se dá à proposta de Jesus Cristo, atualizada pela Igreja católica. Não se admite graduação entre os fiéis. Como vimos, a chamada à santidade é idêntica para todos os homens da face da Terra.

Existe entre clérigos e leigos certa *desigualdade funcional*, à medida que os primeiros executam o poder de pastor a serviço da comunidade. Perfaz-se, assim, a estrutura institucional da Igreja conforme o desiderato de nosso Senhor Jesus Cristo. As funções desempenhadas pela hierarquia originam-se da vontade fundacional de Cristo.

---

95 *Ibidem*, p. 180.

96 Gn 1,26.

a) O papel constitucional do leigo

Como vimos, está superado o enfoque estamental. Não há, destarte, duas classes de fiéis na Igreja. Há uma só: a dos batizados. Esse modo de ver as coisas se compagina perfeitamente com os princípios constitucionais.

Qual é a posição do leigo na Igreja? O cardeal Gasquet, reportado por Congar, relata a seguinte anedota: "Um catecúmeno perguntou a um sacerdote católico qual era a posição do leigo na sua Igreja. A posição do leigo na nossa Igreja, respondeu o sacerdote, é dupla: pôr-se de joelhos diante do altar é a primeira; sentar-se em frente ao púlpito é a segunda. O cardeal Gasquet acrescentou: esqueceu-se de uma terceira: meter a mão no porta-moedas".[97]

Para o propósito de traçar o perfil constitucional do leigo, é-nos imperioso evocar o cânon 225, sobremodo o parágrafo 2º. Neste cânon está definida a missão do leigo. Essa missão se caracteriza pela secularidade. O leigo é o fiel que está no mundo para evangelizar as realidades temporais. Por que motivo o homem foi criado? O homem foi criado para conhecer, amar e servir Deus.[98] Portanto, conjugar esses três verbos, durante a efêmera existência na Terra, é, ou deveria ser, o objetivo primordial de qualquer homem, independentemente de religião. Para os cristãos, comprometidos com a revelação divina, conhecer, amar e servir Deus é a meta principal da existência, que deve permear todos os afazeres, da aurora ao ocaso.[99] O leigo se encontra particularmente compromissado com o mundo, com o século. O mundo também foi criado para a glória de Deus, "que quis manifestar e comunicar, a sua bondade, verdade e beleza".[100]

[97] CONGAR, Yves M-J. *Jalones para uma teologia del laicado*, Editorial Estela, Barcelona, 1963, p. 7.

[98] *Compêndio do Catecismo da Igreja Católica*, n. 67.

[99] 1Cor 31: "Em suma; quer comais, quer bebais, quer façais qualquer outra coisa, fazei tudo para a glória de Deus".

[100] *Compêndio do Catecismo da Igreja Católica*, n. 53.

Vejamos a tradução do cânon 225, §2º:

> "Têm [os leigos] também o dever especial, cada um segundo a própria condição, de imbuir e aperfeiçoar, com o espirito evangélico, a ordem das realidades temporais e, assim, dar testemunho de Cristo, especialmente na gestão dessas realidades e no exercício das atividades seculares".

Esse cânon decerto sumariza lapidarmente o desígnio do leigo no plano divino de salvação. O leigo é o fiel do mundo, para o mundo, com o mundo, sempre à luz portentosa do evangelho de nosso Senhor Jesus Cristo. Desta feita, clericalizar o leigo importa malferir sua dignidade e conspurcar sua vocação verdadeira, enviesando os desideratos de Deus. A proposição desse cânon arrima-se, sem dúvida, no direito divino positivo. Infelizmente, os últimos documentos da conferência episcopal do Brasil (CNBB) acerca do múnus do leigo, ao arrepio do Concílio Vaticano II, têm enfatizado sobreposse as atribuições intraeclesiais e eclipsado o preponderante e principal, vale dizer, a missão do leigo como transformador da sociedade, principalmente na política, déficit notório de participação dos católicos[101].

O Concílio Vaticano II forjou conceito positivo de leigo. Quem é leigo? Dir-se-ia antigamente e, ainda, hoje se encontra, por exemplo, no Dicionário Aurélio da Língua Portuguesa, na primeira acepção do verbete, em um léxico "profano"[102]: "leigo: que não é clérigo". Os padres conciliares lograram cunhar

[101] Pode-se e deve-se contar com a ajuda do leigo na execução de tarefas intraeclesiais, como, por exemplo, a catequese, a liturgia, os ministérios extraordinários etc. (cf. *Lumen Gentium*, n. 33c). Entretanto, o papel preponderante do leigo consiste em animar e aperfeiçoar a sociedade com o espírito evangélico (cf. cânon 225, § 2 do código canônico), dando testemunho de Cristo nas chamadas atividades seculares, como no trabalho, na família, na economia, na política (cf. *Apostolicam Actuositatem*, n. 4e).

[102] Note-se que o vocábulo "leigo" é primeiramente compreendido como um termo religioso e não como a condição de alguém que não é especialista em determinada área do conhecimento, quando se diz, por exemplo, que fulano é "leigo" em medicina.

definição positiva de leigo, extirpando o advérbio "não". Quem é leigo? Responde o Concílio Vaticano II: leigos são todos os fiéis... Vejamos a letra do texto da constituição dogmática *Lumen gentium*:

> "Pelo nome de leigos aqui são compreendidos todos os cristãos (*omnes christifideles*), exceto os membros de ordem sacra e do estado religioso aprovado na Igreja".[103]

De fato, numa paróquia, por exemplo, os leigos perfazem 99,99% dos paroquianos, salvo o pároco. Daí entender-se o porquê de os bispos do Concílio Vaticano II haverem dito que os leigos são "todos" (*omnes*) os cristãos. Sem embargo, ainda não se cunhou definição gramatical de leigo cabalmente isenta dalguma partícula negativa, pois no supramencionado conceito, lemos a preposição "exceto" (*praeter*): "exceto os membros de ordem sacra e do estado religioso na Igreja". Aguardamos definição de leigo linguisticamente afirmativa! Conforme escreve Moreno, à luz do concílio, o laicato na Igreja não pode ser considerado "estado residual", constituído por quem *não* recebeu o sacramento da ordem ou *não* foi chamado à vida consagrada[104]. De qualquer modo, os padres conciliares inovaram bastante ao verberarem: "*Nomine laicorum hic intelleguntur* ***omnes*** *christifideles...*"

Ressalte-se que, do ponto de vista estritamente jurídico, em nossa perspectiva de análise, muitos dos membros do estado religioso aprovado pela Igreja são leigos. As freiras são leigas. Para se auferir maior precisão conceitual, talvez fosse convinhável expressar-se deste modo: "Pelo nome de leigos aqui são compreendidos todos os cristãos, exceto os homens (varões) integrantes

[103] Constituição dogmática *Lumen gentium*, n. 31a.

[104] *Apud* "A responsabilidade cristã na administração pública", E. L. Sampel. Paulus, 2011, p. 55.

da ordem sacra e os membros do estado religioso". Apenas as pessoas do sexo masculino integram a ordem sagrada[105].

A natureza constitucional do cânon 225, § 2º do código canônico de 1983

Como vimos, o legislador eclesiástico estipula o seguinte:

> "Têm também [os leigos] o dever especial, cada um segundo a própria condição, de imbuir e aperfeiçoar, com o espírito do evangelho, a ordem das realidades temporais e, assim, dar testemunho de Cristo, especialmente na gestão dessas realidades e no exercício das atividades seculares" (tradução em português).

Poderíamos simplesmente dizer que o cânon ora estudado possui natureza formalmente jurídica, já que ele integra o código canônico. Desta feita, esse cânon é, ao menos, formalmente jurídico. Alguns jurisperitos discutem, entretanto, se o cânon em apreço é materialmente jurídico ou moral, ou, ainda, bivalente. A. Marzoa, por exemplo, afirma que o cânon comunica dever ou obrigação moral, sem embargo, o direito do leigo ao apostolado é jurídico e *erga omnes*, isto é, "contra todos" (ninguém pode se lhe opor, nem mesmo as autoridades eclesiásticas).[106]

Escrevendo acerca da natureza desse cânon em sentido amplo, R.N. Starlino ensina que no âmbito do direito eclesial, "(...) o conceito de obrigação prevalece sobre o de direito".[107] De qualquer modo, J. Manzanares vê nesse cânon a regulação jurídica da

[105] São João Paulo II, *Ordinatio Sacerdotalis* (maio de 1994).

[106] MARZO, A. *Apostolado Laical Individual*, "Ius Canonicum" 26 (1986), n. 52, p. 643.

[107] STARNLINO, R. N. *Direito Eclesial: instrumento da justiça do Reino*. Paulinas, São Paulo, 2004, p. 107.

secularidade, apanágio do leigo.[108] J. M. D. Moreno, por seu turno, visualiza aqui o alicerce ou fundamento da maneira laical de evangelizar, totalmente distinta da tentativa de clericalizar o leigo.[109]

O conteúdo programático do cânon 225, § 2º, do código canônico de 1983

Esse cânon, sem sombra de dúvida, representa – digamos – um tipo de "estatuto" do leigo, uma vez que dessa exata norma eclodem relevantes questionamentos sobre a vocação laical e seu fundamento, bem como se vislumbram as atividades esperadas por parte do laicato, visando à transformação do mundo.[110] De fato, bem argumentou dom Dadeus Grings, arcebispo emérito de Porto Alegre:

> "Quando se pergunta o que a Igreja faz pelo bem comum, deve-se devolver a pergunta ao leigo".[111]

Na qualidade de cidadão, o leigo tem de atuar nas variegadas situações do mundo moderno, no entanto, enquanto batizado, deve intervir nessas mesmas realidades de acordo com a vontade de Deus; sendo o *modus operandi* do leigo mecanismo indispensável para o soerguimento sobrenatural da ordem societária.[112]

Mas, em que consistem os "assuntos temporais" (rerum temporalium) prescritos no cânon? Os padres conciliares responderam o seguinte:

---

[108] MANZANARES, J. *Vocacion y Mission de los Laicos*, in: *Atas da XI Jornada de Direito Canônico*, Fátima, Portugal, 2003, p. 154.

[109] MORENO, J. M. D. *Los fieles cristianos y los laicos*, in: *Derecho Canónico, I: El Derecho del Pueblo de Dios*, ed. M. M. Cortés Diéguez e J. San José Prisco, BAC, Madri, 2006, p. 180.

[110] *Ibidem*, p. 57.

[111] GRINGS, Dadeus. *A Ortopráxis na Igreja*, ed. Santuário, Aparecida, 2001, p. 60.

[112] AGAR, J. T. M. *El derecho de los laicos a la libertad en lo temporal*, in: *Ius Canonicum*, 26 (1986), n. 52, p. 536.

> "Os denominados assuntos temporais podem ser, basicamente, sociais, políticos e econômicos".[113]

Nada obstante, a Igreja deixa claro que o cumprimento de sua missão não está entrelaçado a qualquer cultura, sistema político ou visão ideológica.[114] Tal entrelaçamento se incompatibilizaria com o princípio da liberdade nos temas seculares, legalmente solidado.[115]

Demos, então, rápida olhada nos chamados assuntos da ordem temporal, conforme a compreensão que têm deles os padres sinodais. Nessas ambiências, espera-se do leigo autêntica contribuição cristã.

A vida econômica e social

O terceiro capítulo da constituição pastoral *Gaudium et spes* coloca o homem no centro da vida econômica.[116] A referida constituição frisa o poder do ser humano sobre a natureza, fator considerado uma das características dos tempos hodiernos. Aguarda-se que a economia se transforme em instrumento para "melhor prover as necessidades da família humana".[117] Com R. Mancini, temos de admitir o malefício da mediação hermenêutica que enxerga no dinheiro, no poder e no lucro categorias absolutas.[118]

O concílio denuncia o "espírito de lucro" e o desprezo pelos pobres como as principais calamidades dos dias de hoje e, imedia-

---

113 Sacrosanctum Concilium Oecumenicum Vaticanum II, Constitutio Pastoralis De Ecclesia in mundo huius temporis *Gaudium et spes* (7/12/1965), AAS 58 (1966), 1025-1116 (doravante: GS), 63 e 75.

114 GS, 43.

115 CIC, cânon 227.

116 GS, 63.

117 *Ibidem.*

118 MANCINI, R. *La laicità come metodo*, Cittadella Editrice, Assis, 2009, p. 94.

tamente, adverte que o progresso econômico, se coordenado em modo racional, pode efetivamente mitigar as iniquidades sociais.[119]

Os bispos reunidos no Concílio Vaticano II mostram que as tremendas iniquidades sociais, principalmente entre os países desenvolvidos e as nações subdesenvolvidas, podem até pôr em risco a paz em nosso planeta.[120] J. Joblin advoga a tese de que a Igreja, mediante esse documento conciliar, desempenha papel importante na condição de interlocutora das legítimas aspirações dos povos.[121]

Com referência às ações humanas laborativas, o concílio declara que o trabalho do homem é superior aos outros elementos da vida econômica, porque os indigitados elementos pertencem ao campo instrumental.[122] A propósito, os padres conciliares cunharam uma definição de trabalho:

> "O trabalho humano é exercido na produção e no intercâmbio de bens ou no desempenho dos serviços econômicos".[123]

A vida política

As transformações da sociedade, explicam os padres conciliares, têm impacto vigoroso nas posições políticas, pois "tais mudanças têm grande influência na vida da comunidade política, especialmente em relação aos direitos e deveres de todos no exercício da liberdade civil".[124]

---

[119] GS, 63.

[120] *Ibidem.*

[121] JOBLIN, J. *L'Eglise e la consctruction de la paix, L'étape de Gaudium et spes,* in: "Gregorianum" 91/1 (2010), p. 152.

[122] GS, 67.

[123] *Ibidem.*

[124] GS, 73.

Seguindo o magistério de São João XXIII, os padres conciliares afirmam que o escopo da sociedade política, isto é, do Estado, consiste em alcançar o bem comum, o qual "abarca a soma de condições da vida social, em que o homem, as famílias e associações, mais adequada e prontamente, conseguem atingir sua própria perfeição".[125]

Os bispos do concílio insistem que a comunidade e a autoridade são respaldadas pela natureza humana e, desta feita, "pertencem à ordem designada por Deus".[126] Refletindo especificamente acerca das pessoas leigas, torna-se relevante combinar os elementos sacramentais e sociais, "em virtude da responsabilidade do leigo em face da construção de um novo mundo, instigado pelo sacramento, procurando, assim, melhor eficiência na transformação da realidade".[127]

A responsabilidade especificamente política deve pesar nos ombros dos leigos, os quais possuem a obrigação personalíssima de iluminar as áreas políticas e sociais com os princípios católicos, cooperando, mesmo sob o ponto de vista técnico, em favor da economia e política genuinamente humanas.[128]

Síntese do papel constitucional do leigo

Ao longo dessa rápida trajetória investigativa, esforçamo-nos muito para sermos fiéis ao magistério do Concílio Vaticano II, evento kairótico que, se mantém certa distância no tempo, ainda é efervescente e embrionário quanto à aplicação e à atualidade. Talvez, a conclusão mais premente e chocante deste estudo seja

---

[125] GS, 74.

[126] *Ibidem.*

[127] KREUTZ, I. J. *A paróquia: lugar privilegiado da pastoral da Igreja*, Loyola, São Paulo, 1989, p. 127.

[128] CIFUENTES, R. L. *Relações entre a Igreja e o Estado*, ditora José Olympio, Rio de Janeiro, 1989, p. 304.

que, infelizmente, os leigos, de modo geral, e os agentes políticos católicos, em particular, encontram-se muitíssimo aquém do que tencionavam para eles os padres conciliares há mais de meio século. Basta a leitura perfunctória da *Gaudium et Spes*, por exemplo, e o volver os olhos para a realidade da política e do mundo contemporâneo, para darmos conta desse desnível entre o papel dos leigos desenhado no concílio e o dia a dia deles na sociedade, sobretudo dos que atuam como agentes políticos. Mas, não é nosso intuito, é óbvio, lançar nenhuma crítica aos leigos; nosso desejo é tão somente mostrar, constitucionalmente, ao lume do cânon 225, §2º, a missão maravilhosa que Deus espera deles e que, com certeza, muitos desempenham denodadamente, mesmo dentro do intrincado e complexo ambiente da política.

É claro, como ressaltamos bastas vezes, não pode e não deve haver dicotomia entre o agente político e o leigo. É-se católico sempre, em todas as situações, máxime quando se praticam os atos administrativos discricionários[129], influenciando e alterando diretamente a ordem das coisas.

Os leigos inserem-se no mundo na condição de cidadãos. Não são diferentes dos outros membros da sociedade, exceto no empenho de fazer da vida autêntico apostolado, maiormente no exercício das atividades seculares. Anela-se para os leigos o comportamento santo, que nada mais é que a perfeição na caridade. Agem os leigos dentro do legítimo espírito de secularidade, aborrecendo qualquer secularismo, porque o secularismo rejeita a interferência da religião nos assuntos afetos à ordem temporal.

O cânon 225, §2.º, na verdade, como percebemos, é norma jurídica constitucional que atua diretamente, isto é, de chofre, na missão secular dos leigos. Com efeito, essa secularidade dos leigos,

---

[129] É, em apertada síntese, o serviço público executado pelos agentes públicos, no qual há certa liberdade de opção.

além de apanágio tantas vezes defendido pelos padres conciliares, é, igualmente, verdadeiro dom de Deus. Desta feita, a hierarquia não tem o direito de tolher a liberdade dos leigos na ordem temporal. Trata-se de direito sagrado do laicato. Sem embargo, como vimos, é, também, direito-dever dos leigos imbuírem a sociedade com o fermento salvífico do evangelho.

Importante, também, concluir que a atuação da Igreja-instituição não pode ser encarada como espécie de "combustível" para que dele os fiéis leigos se abasteçam, pois a missão dos leigos é o cumprimento de vocação eclesial deles próprios e não a ação na qualidade de *longa manus* da hierarquia.

A importância do cânon 225, §2º é, sem sombra de dúvida, enorme para a edificação do reino de Deus. Por exemplo, um senador da república que pratique o ato discricionário de avaliar periodicamente a funcionalidade do sistema tributário, embasado na ancha doutrina social e moral da Igreja acerca dos tributos, certamente prestará contribuição valorosa à sociedade. Isso se dá dentro dos lindes da conveniência e oportunidade, que caracterizam o ato administrativo discricionário e outorgam certa liberdade de ação ao agente público. Jamais se violará a lei civil! Um vereador que, ao praticar o ato discricionário de legislar sobre assuntos de interesse local, tiver de arrostar o problema do solo urbano, certamente achará na doutrina social da Igreja muitas luzes para o correto entendimento da função social da propriedade. Um juiz, em apreciando contenda acerca de extradição de estrangeiro, igualmente poderá aprofundar a sentença com novos matizes, se, como leigo, inteirar-se das orientações do magistério a propósito dos estrangeiros. Portanto, as possibilidades de animar e aperfeiçoar a ordem temporal são infindáveis. O que repugna à vocação laical são os comportamentos contrastantes com a doutrina católica.

A humanização da sociedade é fator *sine qua non* para e construção do reino de Deus. Os leigos, com fulcro na lei civil e nos ensinamentos da Igreja, sob a injunção do cânon 225, §2º, podem e devem animar e aperfeiçoar a ordem das realidades temporais com o espírito do evangelho. O presente tópico quer demonstrar que este *modus procedendi* é plenamente factível, propondo os princípios essenciais e exemplificando as inúmeras alternativas.

Para findar esta conclusão, afirmamos que o cumprimento do cânon 225, §2º é deveras essencial para a identidade dos leigos. De fato, cabe-lhes outrossim as atividades denominadas intraeclesiais, contudo, o preponderante da missão laical repousa na secularidade, isto é, no mundo, na ordem das realidades temporais.

O cânon 225, §2º, de matriz constitucional, faz, ainda, na nossa opinião, admoestação jurídica clara aos leigos agentes políticos, porque a lei canônica alude ao exercício das atividades seculares como areópago fantástico, donde o evangelho pode ser transmitido, donde os leigos podem e devem exercer seu sagrado apostolado. A função pública é um desses areópagos modernos.

b) Características constitucionais do diaconato

É importante lembrar que o Concílio Vaticano II restaurou a figura do diácono permanente[130], cuja origem se encontra nos primórdios do cristianismo.[131] Sabemos, no entanto, que um leigo (ou uma leiga), com autorização especial, em determinadas circunstâncias, pode executar qualquer ofício litúrgico ou eclesiástico atribuído a um diácono. A explicação é assaz simples: o diácono frui do sacerdócio comum de todos os fiéis. O diácono não é sacerdote, como o presbítero e o bispo. Por este motivo, em vista do

---

[130] Constituição dogmática *Lumen gentium*, 29.

[131] At 6,1-6.

papel desempenhado pelos chamados leigos ministros extraordinários, muitas dioceses ainda não viram a necessidade pastoral de ordenar homens casados para o diaconato. Em alguns lugares, por exemplo, leigos de vida ilibada assistem aos matrimônios e administram o batismo, após o beneplácito do bispo, com a competente delegação do pároco.

As atribuições próprias do diácono, exceto o serviço, não decorrem do sacramento da ordem, mas do direito canônico; vale dizer, do código ou de leis extravagantes (rubricas litúrgicas etc.). Por exemplo, o diácono permanente, no rito latino, é ministro ordinário do sacramento do batismo,[132] – não o é no rito oriental – embora a administração do referido sacramento seja encargo precípuo do pároco[133]. Sem embargo, qualquer ser humano, varão ou mulher, católico, acatólico ou mesmo ateu, dispõe do "poder" de batizar[134]. As bênçãos dadas pelo diácono permanente ou transitório a objetos de uso piedoso (bênçãos invocativas e não constitutivas), disciplinadas pelo direito canônico, estão teologicamente fundamentadas na vocação evangelizadora de que gozam todos os batizados[135]. Assim, não existe diferenciação ontológica entre a bênção concedida por um diácono e o mesmo sacramental aplicado por um pai de família.

Em resumo, as ações tipicamente diaconais, reguladas pelo direito canônico, exceto o serviço, não advêm do sacramento da ordem, e sim do sacramento do batismo, porquanto o diácono, tal como o leigo, está revestido do sacerdócio comum e não do sacer-

---

[132] Cânon 861, § 1º.

[133] Cânon 530, 1º.

[134] É famosa a lição de santo Agostinho: "Se Pedro batiza, é Jesus quem batiza; se Judas batiza, ainda é Jesus quem batiza".

[135] Nesse sentido, é recomendável que os diáconos permanentes deem bênçãos exclusivamente durante as ações litúrgicas (conforme dispõem as rubricas) ou paralitúrgicas, quando, por exemplo, levam o viático a um doente.

dócio ministerial. Desta feita, para o diácono, o serviço é o único atributo estritamente relacionado ao sacramento da ordem. Essa asserção se prova meridianamente pela simples leitura do Livro dos Atos, na perícope acima referida. Historicamente, o aumento do número dos fiéis fez com que os 12 apóstolos, que não podiam deixar de lado o mandato divino de pregar a palavra e administrar os sacramentos, impusessem as mãos sobre 7 varões, destinando-os tão somente ao serviço das mesas. Hoje em dia, portanto, o que caracteriza a missão diaconal é o envolvimento na "caridade institucionalizada", ou seja, numa paróquia, além das funções litúrgicas, o diácono, principalmente o permanente, tem de visitar e socorrer os mais pobres, trabalhando, por exemplo, em comunidades.

O problema da diaconisa permanente

Se pararmos para pensar, notaremos que há uns 20 ou 25 anos, os órgãos coletivos da sociedade civil (parlamentos, tribunais, conselhos de classes etc.) eram compostos somente por homens. Não havia mulheres nesses sodalícios. Hoje em dia, as cortes de justiça, por exemplo, são integradas por 50 por cento de mulheres. Os cargos públicos mais relevantes, tais como, juiz, promotor, advogado, eram ocupados por homens. Contemporaneamente, a título de exemplificação, reparamos que existem inúmeras juízas e promotoras de justiça. Aliás, uma mulher já ascendeu à suprema magistratura do Estado, tornando-se presidenta da República. Não vamos discutir se a mencionada reviravolta do sexo feminino constituiu algo positivo ou negativo. É certo, contudo, que a família se ressente do afastamento da mulher do lar. A propósito, grande parte das mães, por estrita necessidade econômica, deixa de lado as tarefas exclusivamente domésticas, para exercer profissão fora de casa.

A Igreja católica é a única instituição no ocidente que não admite mulheres na hierarquia. Feministas de todos os naipes tentam debalde quebrar o que alegam ser hegemonia machista. Pugnam pela ordenação de mulheres. Em julho de 2013, na viagem do Rio de Janeiro a Roma, o sucessor de São Pedro rechaçou essa possibilidade, porquanto, em minha opinião, trata-se de decisão dogmática, *ex cathedra*, tomada por São João Paulo II, conforme veremos mais adiante. De qualquer forma, o argumento precípuo, contrário à ordenação feminina, é de caráter tradicional e bíblico. Jesus podia ter escolhido mulheres; elegeu só varões (os doze apóstolos). Não estava o messias influenciado pelo machismo de seu tempo, porque em outras ocasiões, desafiou os costumes e se aproximou de mulheres.

Não se deve, entretanto, negar que a Igreja, respeitando as idiossincrasias do belo sexo, é uma das sociedades que mais valorizam e protegem a mulher. Mulheres estão em todos os quadrantes da grei católica, como religiosas e leigas que vivem e testemunham o evangelho. Não nos esqueçamos, outrossim, das teólogas, as quais refletem acerca da doutrina cristã desde uma cosmovisão feminil. Hoje em dia, fala-se até em criar uma mulher cardeal, algo plenamente factível, no meu modo de ver, como exporemos no próximo item.

Houve antigamente diaconisas na Igreja. Explica o pe. Bernardo Bartmann: "As diaconisas da antiga Igreja ocupavam-se da instrução das mulheres catecúmenas, auxiliavam no batismo de imersão das mulheres, vigiavam a porta das mulheres, durante a liturgia, e dedicavam-se às obras de caridade" ("Teologia Dogmática", vol. 3, p. 377). Sem embargo, as referidas diaconisas não eram ordenadas, isto é, jamais receberam o sacramento da ordem.

Observe que dado interessante nos reporta Bartmann: "(...) os nomes de 'sacerdotisa' e 'episcopisa' não autorizam a pensar numa ordem sacerdotal. Esses títulos designam as mulheres ou as mães dos sacerdotes e dos bispos, sobretudo quando renunciando voluntariamente a seu matrimônio, elas permitiam ao marido abraçar o estado sacerdotal" (*Idem*, p. 377, *in fine*).

Em que pese à vastíssima cooperação da mulher na Igreja, poder-se-ia igualmente pensar na repristinação do ministério de diaconisa, nos moldes em que era exercitado na antiguidade, conforme a tradição eclesial. Por outro lado, a *Ordinatio sacerdotalis* obstaculiza a ordenação "sacerdotal" das pessoas do sexo feminino; nada fala contra as mulheres receberem o sacramento da ordem em terceiro grau (diaconia). Não é da competência do direito canônico imiscuir-se em seara ainda não desvendada pelos teólogos, porém, a temática em apreço, sem sombra de dúvida, possui relevância constitucional.

Particularmente, vejo com bons olhos eventual reinserção na disciplina da Igreja das diaconisas. No fundo, subsiste certa imperiosidade de mulheres provisionadas, as diaconisas, ordenadas ou não, arrostarem institucionalmente as demandas femininas na Igreja. Ao lado das freiras ou irmãs de caridade, essas diaconisas permanentes refulgiriam o maravilhoso rosto feminino da Igreja.

Mulher cardeal

Certa feita, em artigo veiculado pela Internet, o jornalista espanhol Juan Arias escreveu que o papa Francisco estava estudando a hipótese de nomear uma mulher como cardeal.

Ao largo da história bimilenar da Igreja católica, já foram "criados" (este é o termo correto: "criar" cardeal) ao menos dois cardeais leigos (que não são padres), homens pertencentes à aristocracia. Jamais uma mulher alçou este posto. Todavia, em princípio, teológica e canonicamente falando, não vejo óbice a que um dia o Papa crie um cardeal do sexo feminino.

O cardinalato, na sua essência, não está atrelado ao sacramento da ordem. Não tem matriz constitucional. Nos termos da legislação canônica em vigor, apenas homens podem ser criados cardeais. Além disso, têm de ser ao menos padres e, tão logo elevados ao cardinalato, devem ser sagrados bispos (cânon 351). Em outras palavras: hoje em dia todo cardeal é bispo. No entanto, essa praxe não está fundamentada no direito divino positivo e, assim, é plenamente passível de mudança.

Os cardeais constituem grupo seleto de eclesiásticos que auxiliam diretamente o Papa no governo da Igreja (cânon 353, § 1º). São – guardadas as devidas proporções – como os ministros de Estado. Uma mulher cumpriria muito bem essa missão na Igreja, da mesma forma que já desempenha papel semelhante na sociedade civil, desde que a função específica não implicasse o exercício do denominado poder de regime ou de governo, divinamente reservado ao clero (cânon 129, § 1º).

A participação de uma mulher em um conclave, escolhendo o novo Papa, é assunto mais delicado. Talvez ela pudesse participar somente com "voz ativa", isto é, elege, mas não pode ser eleita. Para exercer o supremo pastoreio da Igreja é necessário ser homem, do sexo masculino.

Independentemente de o tema ora discorrido haver ou não passado pela cabeça do santo padre, a discussão é relevante porque põe em destaque o fato de que existem muitos pontos na disciplina eclesiástica que efetivamente podem ser alterados, reformulados e adaptados às demandas modernas.

c) O papel constitucional do presbítero

Antes de tudo, reiteremos o dogma de que somente os homens (varões) recebem validamente o sacramento da ordem. Com efeito, ensinou São João Paulo II:

> "A ordenação sacerdotal, pela qual se transmite a missão que Cristo confiou aos seus apóstolos, de ensinar, santificar e governar os fiéis, foi na Igreja católica, desde o início e sempre, exclusivamente reservada aos homens. Essa tradição foi fielmente mantida também pelas Igrejas orientais".[136]

Tenho para mim que a carta apostólica *Ordinatio sacerdotalis* contém declaração dogmática *ex cathedra*, pertinente ao magistério extraordinário. Reparemos na fórmula empregada por São João Paulo II ao cabo do referido documento:

> "Portanto, para que seja excluída qualquer dúvida em assunto da máxima importância, que pertence à própria constituição divina da Igreja, em virtude do meu ministério de confirmar os irmãos (cfr Lc 22,32), declaro que a Igreja não tem absolutamente a faculdade de conferir a ordenação sacerdotal às mulheres, e que essa sentença deve ser considerada como definitiva por todos os fiéis da Igreja".[137]

No aludido texto cuido que estejam presentes os principais elementos da declaração de um dogma, consoante o cânon 749. Se não, vejamos. O santo padre se exprime na condição de doutor e pastor supremo de todos os fiéis ("em virtude de meu ministério de confirmar os irmãos") e proclama, por ato definitivo que se deve aceitar uma doutrina sobre a fé *ou*[138] os costumes ("declaro que a Igreja não tem absolutamente a faculdade

---

[136] *Ibidem*, n. 1.

[137] *Ibidem*, n. 4, grifos nossos.

[138] Observe-se que, incorretamente, certa edição do código em português, de editora brasileira, traduz *vel* ("ou", em latim), no parágrafo 1º do cânon 749, pela conjunção aditiva "e", desvirtuando completamente o sentido da lei. No caso específico da impossibilidade de ordenação de mulheres, o papa São João Paulo II reporta-se à fé (ou doutrina); não se trata de uma questão moral.

de conferir a ordenação (...) essa sentença deve ser considerada como definitiva"). O uso, no texto latino oficial, do plural majestático com o verbo "declarar" (*declaramus*), solida a convicção de que se trata mesmo de *declaração* solene e *ex cathedra*. Aliás, em suas encíclicas, no magistério ordinário, São João Paulo II usa sempre o pronome pessoal "eu".

Como sói ocorrer na declaração de qualquer dogma, o pontífice romano não *inovou*; somente corroborou, *ex cathedra*, doutrina infalível, pertencente ao depósito da fé[139].

Sabemos que os verbos determinam certas ações. No dia a dia, de um modo ou de outro, estamos constantemente a conjugar verbos: acordamos, trabalhamos, falamos, comemos, estudamos, pecamos, amamos etc. Neste sentido, podemos afirmar que o presbítero exerce seu papel constitucional toda vez que flexiona um dos seguintes verbos: evangelizar (ou pregar a palavra de Deus), batizar, crismar, missar[140], confessar, untar e ordenar[141]. Preleção da palavra divina e administração dos sacramentos: eis a quinta-essência da atividade do padre. É óbvio que quem recebeu o sacramento da ordem em segundo grau (presbiterado) não conjuga o verbo "ordenar" e só raramente conjuga o verbo "crismar". Demais, nenhum clérigo, nem mesmo no rito oriental, conjuga o verbo "matrimoniar", vez que o sacramento do matrimônio é administrado exclusivamente pelos leigos ou, ao lume da legislação em vigor, pelos clérigos secularizados, isto é, dispensados do ministério[142].

---

[139] A mesma situação ocorreu quando, por exemplo, o beato Pio IX declarou, *ex cathedra*, o dogma da imaculada conceição de nossa Senhora, ou, no momento em que Pio XII declarou, *ex cathedra*, a assunção de nossa Senhora. São duas doutrinas que pertencem ao *depositum fidei* e, por conseguinte, encontram-se, explícita e implicitamente na tradição sagrada e na bíblia sagrada.

[140] No Dicionário Aurélio: "missar" – celebrar ou ouvir missa.

[141] Os sete sacramentos instituídos por nosso Senhor Jesus Cristo: batismo, crisma, eucaristia, penitência, unção dos enfermos, ordem e matrimônio.

[142] Antes do Concílio Vaticano II, usa-se o termo "redução ao estado laical".

O padre conjuga ainda estoutro verbo bastante importante: paroquiar[143]. Deveras, cabe ao presbítero pastorear a comunidade que lhe foi confiada (a paróquia), como ministro de Cristo, exercendo, em favor da paróquia, o tríplice múnus de ensinar, santificar e governar[144].

Quiçá tendo em vista a função típica, constitucional, do presbítero, a qual o povo de Deus carece, considerando a escassez hodierna do clero, o papa Francisco, por exemplo, alterou o direito processual, possibilitando que, nas causas de nulidade de casamento, o colégio de três juízes possa ser composto por dois leigos e um clérigo[145] e não mais, necessariamente, conforme dispunha a legislação derrogada, por dois clérigos e um leigo. Desonera-se, assim, o presbítero, a fim de que ele consiga adimplir seus misteres constitucionais, representados no infinito dos verbos citados acima.

No próximo item, analisamos, mais pormenorizadamente, o quefazer constitucional típico do presbítero, aprofundando o que acabamos de escrever acerca dos verbos. Cuida-se, pois, de nuança gramatical do quotidiano dos presbíteros.

Que verbos o padre deve conjugar?

Durante a vida, – repetimos – conjugamos muitos verbos, porque, diuturnamente, praticamos ações. O primeiro é *nascer*; o derradeiro, *morrer*. Mas, há um verbo, *ressuscitar*, o qual, relativamente a todos os homens de todos os séculos, não se conjuga no presente, nem no passado; só no futuro. A exceção ocorre quando o sujeito da oração for Jesus ou a virgem Maria, que já ressuscitaram, cabendo,

143 No Dicionário Aurélio: "paroquiar" – administrar como pároco; exercer as funções de pároco.

144 Cânon 519 do CIC.

145 Tradução do cânon 1673, parágrafo 3º "As causas de nulidade do matrimônio são reservadas a um colégio de três juízes, presidido por um juiz clérigo. Os outros dois juízes podem ser leigos" (nova redação determinada pela carta apostólica *Mitis Iudex Dominus Iesus*, de agosto de 2015).

em tal hipótese, o pretérito perfeito. O verbo *ressuscitar* liga-se a tempo gramatical escatológico. Eu *ressuscitarei*, tu *ressuscitarás*, ele *ressuscitará* etc., mas fora do tempo convencional e no fim do mundo. Impossível e antigramatical, portanto, a sentença "o finado ressuscitou", apregoada por certos padres nalgumas exéquias.

Ao largo da existência, conjugamos principalmente (ou deveríamos conjugar) estes verbos transitivos diretos: *conhecer* (Deus e somente o que leva a Deus), *adorar* (Deus), *amar* (Deus, Maria santíssima, os santos e o próximo), *servir* (Deus, o próximo), bem como os intransitivos: *trabalhar*, *comer* e *descansar*. Trata-se dos verbos essenciais, que englobam inúmeros outros. Por exemplo, *dar* também é uma forma de *amar*. Quem *reza ama* Deus. O Compêndio do Catecismo da Igreja Católica ensina que o homem foi criado para *conhecer*, *amar* e *servir* Deus!

Posto isto, vejamos os verbos conjugados pelo padre. O sacerdote (bispo ou padre) conjuga sobretudo seis verbos, a saber: *batizar*, *crismar*, *missar*, *absolver*, *untar* ou *ungir* e *ordenar* ou *padrar* ou *bispar* (Obs.: não se trata de invencionices; estes verbos realmente se encontram no dicionário). Cada verbo corresponde a um dos sacramentos instituídos por Jesus Cristo. O mais importante é *missar* ou *celebrar missa*. O verbo *matrimoniar* ou *casar*, referente ao sétimo sacramento, é conjugado apenas pelos leigos.

Na conjugação dos verbos citados no parágrafo anterior condensa-se o sacrossanto ministério do sacerdote. Alguém criticou esse ponto de vista, tachando-o de "ótica excessivamente sacramental", instando argumento vertido na seguinte frase: "prefiro o verbo *acompanhar*, isto é, o padre que acompanha o povo a caminho". Mas o confessor que *absolve*, também não acompanha o itinerário do penitente? Os seis verbos que o sacerdote conjuga, sobre prorromperem a graça *ex opere operato*, constituem paradigmas de infindáveis atividades humanas imbuídas de sentido pastoral.

O importante é que o clérigo se mantenha concentrado no seu múnus típico, realizado por meio dos seis verbos supramencionados. *Cantar*, por exemplo, não é verbo que denote ação essencial que afeta o ministério. Em suma, o povo de Deus necessita pura e simplesmente do evangelho e dos sacramentos. Não precisa de mais nada, pelo menos da parte da Igreja.

O problema da ordenação presbiteral de homens casados

Deve ser analisado *cum grano salis* o argumento de que São Pedro, o primeiro Papa, foi casado, logo, os homens casados podem se padrar, vez que se trata apenas de questão canônica. Esse argumento, acatado sem as ponderações necessárias, conduzir-nos-ia a imaginar o primeiro bispo de Roma frequentemente ladeado por sua esposa, levando-a à igrejinha, então existente na Cidade Eterna, caminhando com ela aqui e acolá, e, por fim, supliciado sob os olhares da consorte.

A narrativa dos evangelhos jamais mostra São Pedro com a esposa. Provavelmente, o pescador que viria a ser o chefe da Igreja pediu a mulher que o liberasse para o apostolado junto ao Senhor (outorga uxória). A mesma providência tomaram os outros apóstolos, pois também não os vemos com suas respectivas companheiras.

Outrossim, não é historicamente robusto o argumento de que no oriente (ou no rito oriental) homens casados sempre constituíram o presbiterado; esse costume se iniciou mais ou menos no século IV. No ocidente, ao contrário, o celibato remonta à era apostólica.

Três pontos ainda merecem alguma reflexão: 1. A virgindade (contemporaneamente: o celibato), conforme admoesta São Paulo, é o melhor caminho para a santidade: "Quisera que todos os homens fossem como eu..." (cf. 1Cor 7,7). 2. O presbítero casado precisa levar a cabo, concomitantemente, duas vocações, a saber, o matrimônio e o sacerdócio; corre o ingente risco de não executar bem nenhuma das duas. 3. A Igreja, desde seus albores, constantemente teve carência de vocações sacerdotais, porém, o Senhor da messe nunca a desamparou (cf. Mt 9,38).

É preciso retomar o estudo da monumental encíclica *Sacerdotalis Caelibatus*, de São Paulo VI, a fim de se dar conta do imensurável valor do celibato na vida da Igreja. Ousaria dizer que o celibato é quase dogma! Não há de ser posto de lado pura e simplesmente com uma canetada na legislação. O povo de Deus necessita, isto sim, de varões solteiros que se dediquem 24 horas por dia ao ministério; padres de intensa oração, que não se deixem alienar ou corromper pelo burburinho da vida profana. A meu ver, a ideia de ordenar homens casados vai na contramão da história sagrada e, se posta em prática, contaminará a figura jurídica do celibato, enfraquecendo-a moral e espiritualmente.

d) O papel constitucional do bispo

Os bispos são sucessores de onze[146] dos apóstolos eleitos por Jesus Cristo, o divino fundador da Igreja católica[147]. São Matias, que tomou o lugar do apóstolo Judas Iscariotes, não é sucessor, mas substituto[148].

A constituição dogmática *Lumen gentium* descreve os principais traços históricos da ideia fundacional de Cristo. Leiamo-la:

---

[146] Não seria correta a referência ao grupo completo, de 12 apóstolos, porque o sucessor de São Pedro é apenas o Papa.

[147] Santo Irineu de Lião. *Contra as heresias*, Paulus, São Paulo, 1995, p. 249, *in fine* (III, 3,2). Constituição dogmática *Lumen gentium*, n. 28.

[148] Explica Hervada: "Judas é substituído por Matias (sem embargo, Matias não *sucede* Judas, nem a outro apóstolo), o que significa que, sendo um colégio a extinguir-se enquanto apostólico, é dizer, formado pelos apóstolos, pôde completar-se ante a infidelidade de um deles, ao iniciar o exercício de sua missão", in *Elementos de Derecho Constitucional Canónico*, p. 177.

> "O Senhor Jesus, depois de ter orado ao Pai, chamou a si os que ele quis e escolheu os doze para estarem com ele e para os enviar a pregar o reino de Deus (cf. Mc 3,13-19; Mt 10,1-42); a estes apóstolos (cf. Lc 6,13) constituiu-os sob a forma de colégio, isto é, de grupo estável, cuja presidência entregou a Pedro, escolhido dentre eles (cf. Jo 21,15-17). Enviou-os primeiramente aos filhos de Israel e, depois, a todas as gentes (cf. Rm 1,16) para que, com o poder que lhes entregava, fizessem de todos os povos discípulos seus, os santificassem e governassem (cf. Mt 28,16-20; Mc 16,15; Lc 24,45-48; Jo 20,21-23) e, assim guiados pelo Senhor, dilatassem a Igreja e apascentassem com o seu ministério todos os dias até a consumação dos séculos (cf. Mt 28,20). Foram confirmados plenamente nesta missão no dia de pentecostes (cf. At 2,1-26), segundo a promessa do Senhor: 'Recebereis a virtude do Espírito Santo que descerá sobre vós e sereis minhas testemunhas em Jerusalém e em toda a Judeia e Samaria e até os confins da terrra' (At 1,8). Na verdade, pregando em toda parte o evangelho (cf. Mc 16,20), que os ouvintes aceitavam por obra do Espírito Santo, os apóstolos congregaram a Igreja universal que o Senhor fundou neles e edificou sobre o bem-aventurado Pedro, como chefe, permanecendo Cristo Jesus como pedra angular (cf. Ap 21,14; Mt 16,18; Ef 2,20) (...) Por isso, ensina este sagrado concílio que, por instituição divina, os bispos sucederam aos apóstolos como pastores da Igreja (...)"[149].

No testamento novo não se encontra terminologia estável com referência aos vocábulos *bispo* e *presbítero* nos albores das comunidades subapostólicas. Eis a ensinança de Goyret:

> "Convém recordar que, no novo testamento, a terminologia sobre os ministérios, incluído o episcopado, não está ainda

[149] Constituição dogmática *Lumen gentium*, n. 19 e 20.

> assentada. A esta dificuldade se acrescenta certa escassez de documentação histórica durante o período imediatamente pós-apostólico, o que nos impede de estabelecer com segurança a modalidade de passagem da função apostólica, de apóstolos a bispos".[150]

Até o Concílio Vaticano II, os teólogos hesitavam sobre a sacramentalidade do episcopado, o qual, para muitos estudiosos, em que pese à instituição divina, era tido como certo acréscimo na jurisdição do presbítero, mas não sacramento. Nessa perspectiva, dizia-se que o padre era *sagrado* bispo. O Concílio Vaticano II parece dirimir a questão, ao asseverar que o bispo se distingue pela plenitude do sacramento da ordem[151]. De feito, explana Goyret:

> "Neste tema o Vaticano II realiza a declaração dogmática de maior envergadura no âmbito eclesiológico-sacramental, ao declarar, retomando a antiga tradição patrística, sua [do episcopado] natureza sacramental, de modo semelhante como o magistério anterior ensinava a respeito do presbiterado e do diaconato".[152]

Doravante, afigura-se mais consentâneo com a realidade teológica dizer que o presbítero é *ordenado* bispo. Sem embargo, o CIC emprega tanto *ordenação* quanto *consagração*. O CCEO utiliza tão somente o termo *ordinatio* e os deverbais. O Catecismo da Igreja Católica, diz Goyret[153], "privilegia" a forma *ordenação*, sendo que o ritual romano claramente optou pelo vocábulo *ordenação*.

---

[150] GOYRET, Philip. *Obispo. Diccionario General de Derecho Canónico*, (orgs: Javier Otaduy, Antonio Viana e Joaquim Sedano), vol. V, Thomson Reuters Aranzadi, Universidade de Navarra, Navarra, 2012, p. 636.

[151] Constituição dogmática *Lumen gentium*, n. 21 e 26.

[152] GOYRET, Philip. *Obispo. Diccionario General de Derecho Canónico*, p. 636.

[153] *Ibidem*.

No que tange aos verbos arrolados acima, o bispo conjuga-os todos, exceto, é claro, o verbo "matrimoniar" (ou "casar"). Sem embargo, o bispo é quem *pastoreia* determinada porção do povo de Deus. O episcopado é elemento constitucional por excelência, porquanto divinamente instituído e, por conseguinte, pode-se dizer que a Igreja fundada por nosso Senhor é Igreja *episcopal*[154].

Diz-se, outrossim, que aos bispos não competem as prerrogativas dos apóstolos, dons personalíssimos, incomunicáveis aos pósteros; correspondem aos bispos os *tria munera*, isto é, a tríplice função pastoral.

Bastantes coisas podem ser ditas a propósito do múnus episcopal, todavia, neste livro, forcejamos por enfatizar as nuanças constitucionais de cada um dos *atores* ou *viajantes* da Igreja que milita neste "vale de lágrimas". As minudências das funções dos membros da Igreja são objeto dos diversos ramos do direito canônico, não do direito constitucional.

O papel constitucional do bispo importa a supervisão[155] da comunidade e o poder bispal se exercitará à luz do modelo do "bom pastor". Outra não é a doutrina expressa na exortação *Pastores gregis*, de São João Paulo II:

> "O poder do bispo é verdadeiro poder, mas iluminado pela luz do Bom Pastor e moldado segundo o seu modelo. Exercido em nome de Cristo, este poder é próprio, ordinário e imediato, embora seu exercício seja superiormente regulado pela suprema autoridade da Igreja e possa ser circunscrito dentro de certos limites para a utilidade da Igreja e dos fiéis".[156]

---

[154] *Ibidem.*

[155] A etimologia do verbo grego *episkopein* (ver sobre), realmente induz à ideia do bispo como "supervisor" (do latim: *super* = acima).

[156] N. 43c.

A colegialidade episcopal

O colégio dos bispos não é fruto de acordo dos bispos atuais, que resolveram se congregar. Deveras, a colegialidade contemporânea, enfatizada pelo Concílio Vaticano II, decorre da colegialidade dos doze apóstolos. Trata-se, pois, de intercâmbio entre os sucessores dos apóstolos, sempre em comunhão com o pontífice romano, visando ao pleno exercício do pastoreio dos fiéis. A colegialidade não é elemento acessório, mas essencial à configuração hierárquica da Igreja. É a mesma estrutura estabelecida pelo divino fundador no colégio apostólico. O colégio episcopal, realidade ontológica e imutável, inexiste sem sua cabeça, isto é, sem o bispo de Roma. A constituição dogmática *Lumen gentium* elucida o tema em apreço:

> "Assim como por disposição do Senhor, São Pedro e os outros apóstolos constituem um colégio apostólico, paralelamente, o pontífice romano, sucessor de Pedro, e os bispos, sucessores dos apóstolos, estão unidos entre si".[157]

Interessante observar a locução empregada pelos padres conciliares, *pari ratione* (por razão semelhante), traduzido em português com o advérbio "paralelamente". De fato, traça-se claro paralelo entre o colégio dos 12 apóstolos e o colégio atual dos milhares de bispos, com a evidente liderança de São Pedro, atestada copiosamente em muitíssimas perícopes do testamento novo. A chefia exercitada por São Pedro atualiza-se constitucionalmente no ofício do bispo da Diocese de Roma. Ao Papa, em qualquer século da história, sempre se pode exclamar: *Tu est Petrus*! Neste diapasão, não é teologicamente correto afirmar que o Papa Francisco é sucessor do papa Bento XVI. Tanto o papa Francisco quanto o

[157] Constituição dogmática *Lumen gentium*, n. 22.

papa Bento XVI, como qualquer outro sumo pontífice, sucedem unicamente a São Pedro, o primeiro Papa. Por esse motivo, como veremos logo a seguir, o Papa é a pedra visível da Igreja. Sem o sucessor de São Pedro, a Igreja correria o risco de esboroar. Em outras palavras: não há Igreja sem Papa!

e) O papel constitucional do Papa. Ministério petrino

A fundação da Igreja católica e o papado

Vejamos alguns trechos da constituição dogmática *Lumen Gentium*: a) "Por isso, não podem salvar-se aqueles que, sabendo que a Igreja católica foi fundada por Deus por intermédio de Jesus Cristo como instituição necessária, apesar disso, não quiserem nela entrar ou nela perseverar;"[158] b) "Este sacrossanto sínodo, seguindo os passos do Concílio Vaticano I, com ele ensina e declara que Jesus Cristo pastor eterno fundou a santa Igreja (...) e [Jesus] quis que os sucessores dos apóstolos fossem em sua Igreja pastores até a consumação dos séculos".[159]

No ano 2000, a Congregação para a Doutrina da Fé, mediante a declaração *Dominus Iesus*, reiterou ensinamento bimilenar: a) "Deve-se crer firmemente como verdade de fé católica a unicidade da Igreja por ele [Cristo] fundada;"[160] b) "Os fiéis são obrigados a professar que existe continuidade histórica – radicada na sucessão apostólica – entre a Igreja fundada por Cristo e a Igreja católica"[161]; c) "Existe, portanto, uma única Igreja de Cristo, que subsiste (*continua a existir*) na Igreja ca-

[158] N. 14a, grifos nossos.

[159] N. 18b, grifos nossos.

[160] N. 16b, grifos nossos.

[161] N. 16c, grifos nossos.

tólica, governada pelo sucessor de Pedro e pelos bispos em comunhão com ele".[162]

Os dois documentos supramencionados, embasados, é óbvio, tanto na tradição sagrada quanto na escritura sagrada, comunicam a doutrina sobre a identidade da Igreja. Todavia, muito tempo antes do século IV (Concílio de Niceia), data em que alguns querem ver o início do catolicismo, o papado já estava plenamente atuante. Assim, o papa Clemente (†97), por exemplo, com autoridade doutrinal, dirige-se à Igreja de Corinto. O papa Vitor I (†199) teve atuação decisiva na escolha da data da Páscoa, em controvérsia com outras comunidades. Os papas Zeferino (†217) e Calixto (†222), na questão sobre a penitência, na disputa sobre o batismo dos hereges, também deram a última palavra. Santo Inácio elogia a Igreja de Roma, em virtude de ser ela a sé primeira. Santo Irineu exige a união doutrinal com a Igreja de Roma. São Cipriano, por seu turno, vê naquela Igreja a fonte da unidade eclesiástica. São Jerônimo, o tradutor da bíblia, escreve ao papa Dâmaso I (†384), dizendo que "no meio das convulsões da heresia ariana, a verdade encontra-se somente com Roma".[163]

O pontífice romano[164]

Eis a perícope fundamental, de historicidade incontestável[165], que exterioriza a juridicidade da Igreja e veicula o encargo conferido a São Pedro, o primeiro Papa:

---

[162] N. 17a, grifos nossos.

[163] BARTMANN, Bernardo. *Teologia Dogmática*, vol. 2º, Edições Paulinas, São Paulo, 1962, páginas 473 a 490.

[164] Preferimos "pontífice romano" a "romano pontífice", embora essa última denominação já esteja consagrada pelo uso tanto em português quanto nos outros idiomas neolatinos. Em certos casos, repugna à língua portuguesa a anteposição do adjetivo ao substantivo. Parece ser esta a hipótese da nomenclatura "romano pontífice", pois ninguém dirá que vai visitar um "romano padre" ou que comerá uma pizza num "romano restaurante".

[165] Constituição dogmática *Lumen gentium*, n. 19.

> "Também eu te digo que tu és Pedro, e sobre esta pedra edificarei a minha Igreja, e as portas do inferno não prevalecerão contra ela. Eu te darei as chaves do reino dos céus e o que ligares na terra será ligado nos céus, e o que desligares na terra será desligado nos céus".[166]

Vê-se que Jesus Cristo concede a São Pedro os poderes constitucionais básicos, ou melhor, deputa a São Pedro o exercício de tais poderes, porquanto o único constituinte (fundador) é o Filho de Deus. Os verbos hebraicos "ligar" e "desligar" denotam a ação de governo. A ideia das "chaves" também alude ao múnus de governar, de reger. O essencial da constituição da Igreja, ou melhor, a gênese dessa constituição, perpassa o supramencionado texto bíblico.

Vigário de Cristo, o pontífice romano, em qualquer época, configura e efetiva a unidade da Igreja católica. Sucedendo São Pedro[167], o bispo de Roma atualiza a Igreja ao largo da história. A cabeça da Igreja católica é Jesus Cristo, o divino fundador. O Papa é a cabeça visível da Igreja de Jesus. O colégio episcopal, tendo o pontífice romano por chefe, governa a Igreja. Tal como o conjunto dos doze se sentia visceralmente ligado a São Pedro, *mutatis mutandis*, o colégio dos bispos se conecta indissoluvelmente ao pontífice romano. Sem esse liame de direito divino positivo, não há Igreja. Por isso, podemos dizer que sem o Papa, não existe Igreja institucional, jurídica, visível, porque o Papa é a pedra (fundamento) da Igreja. Daí nossa angústia, quando se nos depara a sé petrina vacante e o consequente anseio pela eleição rápida do bispo de Roma, notícia que, invariavelmente, nos causa grande alegria (magno gáudio).

---

[166] Mt 16,18-19.

[167] Questiona-se o porquê de nenhum sucessor de São Pedro tomar o nome do primeiro apóstolo (jamais existiu um Pedro II). Isto se deve à convicção inabalável de que cada papa é Pedro.

Eis a lição de Molano acerca do papel constitucional do Papa:

> "O ofício de Pedro e sua função de magistério e de governo sobre a Igreja universal é um dos elementos constitutivos da Igreja. A doutrina católica sobre o ofício petrino é o resultado de uma profunda reflexão sobre o que ensina a sagrada escritura, a tradição e o magistério da Igreja. Com respeito ao magistério, tem especial importância o ensino dos últimos concílios (os Concílios Vaticano I e II) sobre esta matéria".[168]

Os cânones 330 a 335 do CIC, "regendo" o múnus petrino, veiculam o essencial do direito divino positivo a propósito da função papal, sem, é claro, criar nenhum direito ou dever, uma vez que estamos diante do fenômeno da "canonização" (*canonizatio*) do direito divino. Em outras palavras: o ofício do Papa (e também o ofício dos outros bispos), no essencial, está indelevelmente estatuído no direito divino positivo, o qual nada mais é que a santíssima aspiração de nosso Senhor Jesus Cristo para com a sociedade que ele fundou há dois mil anos. É a estrutura jurídica que o divino fundador deu à Igreja.

Essa estrutura jurídica de direito divino positivo, sem embargo, não se junge aos misteres do Papa, dos bispos e do colégio episcopal. Os sete sacramentos instituídos por nosso Senhor Jesus Cristo igualmente perfazem a estrutura jurídica da Igreja, sendo que a administração desses "sinais da graça"[169] se pauta pelo direito canônico. Outrossim, conforme tivemos oportunidade de estudar, muitos dos direitos subjetivos dos fiéis (leigos e clérigos) são de índole constitucional e, portanto, integram a estrutura jurídica eclesial de direito divino positivo.

---

168 *Derecho Constitucional Canónico*, p. 303, grifos do autor.

169 Cânon 840 do CIC.

O pontífice romano tem sobre a Igreja poder ordinário, supremo, pleno, imediato e universal, conforme a explicitação do cânon 331 do CIC. Para termos ideia clara de como se dá o exercício do poder papal, basta que olhemos para o grupo dos doze apóstolos. Enquanto o messias está com eles, a liderança se aglutina em Jesus. Depois da ascensão do Senhor, São Pedro, nitidamente, assume o comando e, mais que isso, como lemos acima, o sentido da caminhada da comunidade repousa nos ombros do timoneiro São Pedro, que é a pedra sobre a qual Cristo alicerçou a Igreja católica.

O poder, na Igreja, traduz-se por "serviço". Na sociedade política, o poder também deveria importar a prestação de serviço à comunidade. Entretanto, a cotio se contempla o abuso do poder, para benefício exclusivo daquele que exerce o poder em nome do povo. Essa degenerescência odiosa, desgraçadamente, infecciona o grêmio da Igreja católica, haja vista a doença do "carreirismo" exprobrada pelo papa Francisco de onde em onde.

O epíteto "ordinário" desvela a característica de um poder anexo ao ofício de sucessor de São Pedro. O bispo de Roma possui, *ipso facto*, isto é, em razão de governar a Diocese de Roma, o poder relativo à Igreja erigida por nosso Senhor Jesus Cristo. Logo em seguida, agrega-se o qualificativo "supremo", vez que nenhum antístite na face da terra está investido em maior poder que o Papa. Tal poder concedido diretamente por Cristo é, igualmente, "pleno", pois abarca a integralidade dos problemas que afetam o povo de Deus. Vimos acima que o primeiro Papa[170] foi consultado pela Igreja do oriente para dirimir, de uma vez por todas, a celeuma referentemente à data da celebração da Páscoa. Observe-se que desde o limiar da Igreja, nunca esteve ausente do povo e, por conseguinte, do *sensus fidelium*, certo sentimento de que o senti-

[170] Certa feita, um aluno me contestou em aula, achando inadequado o tratamento de Papa a São Pedro, pois tal termo nem existia à época do príncipe dos apóstolos. Respondi-lhe que se trata apenas de problema linguístico; ora, se a palavra "papa" surgiu no medievo, o cargo de Papa ou de chefe da Igreja foi criado por Jesus Cristo.

do da realidade, que se encontra em Cristo, exterioriza-se mediante o magistério e o governo de São Pedro e dos sucessores papais. O poder que titulariza o pontífice romano diz-se, ainda, "universal", já que não está delimitado por uma Igreja particular, embora o Papa seja o bispo da Diocese de Roma. Por fim, qualifica-se o poder do pontífice romano como "imediato", porquanto não paira nenhuma instância entre o pontífice romano e qualquer outro bispo. Estando em Roma ou em São Paulo, em última análise, é o sucessor de São Pedro quem governa. Isso não significa que, na prática, o Papa administrará diretamente as Igrejas particulares ou outros organismos eclesiásticos. Não nos esqueçamos de que os outros bispos exercitam poder autônomo e, entre eles, não sucede nenhuma subordinação, pois cada diocese é independente uma da outra, subordinando-se apenas ao pontífice romano.

A figura jurídica do papado emérito

Não nos parece que o *status* de Papa emérito se embase em normativa constitucional, o que não compromete a validade jurídico-canônica da novíssima condição incorporada por Bento XVI. Não vêm para aqui os motivos pelos quais o bispo de Roma, que renunciou em 2013, achou por bem tornar-se Papa emérito. Quiçá tivesse em mente apenas o desfecho de seu caso concreto e não a criação de nova figura jurídica. De qualquer modo, se outro pontífice romano vier a renunciar no futuro, não cremos que tal ato necessariamente redundará em papado emérito. Há um fato histórico interessante que traz luz ao assunto. Durante a Segunda Guerra Mundial, Hitler ameaçou invadir Roma e aprisionar Pio XII. Ao tomar conhecimento da ameaça, o pontífice teria dito que o sanguinário ditador alemão não prenderia o Papa, mas um cardeal, pois o vigário de Cristo renunciaria ao cargo de Papa e, assim, voltaria a ser cardeal.

CONCLUSÃO

Nosso objetivo neste livro circunscreveu-se à análise da normativa constitucional da Igreja católica. Desta feita, a estrutura da Igreja como pessoa moral ou jurídica rege-se, na essência, pelo direito constitucional. Além disso, os membros da Igreja, leigos e clérigos, outrossim perfazem o objeto do direito constitucional. Há, portanto, dois elementos que sempre integram qualquer constituição, estatal ou canônica, a saber: 1) o rol de direitos inalienáveis das pessoas físicas e 2) a forma de exercício do poder social praticado pela autoridade legítima. Os referidos elementos são materialmente constitucionais; sem eles não existe constituição ou lei fundamental da sociedade política ou sociedade religiosa, ou, em outras palavras, sem os aludidos elementos essenciais, o edifício jurídico esboroa-se, perde o vigor.

Faz-se mister registrar que os elementos básicos, constitucionais, suprarreferidos, regulam-se por imensidade de leis, regras, preceitos etc., mas não na essência fundamental ou constitucional. Um exemplo elucidará a proposição. O leigo goza do direito constitucional de praticar o apostolado; tal direito é *erga omnes*, líquido e certo. Como vimos neste livro, esse direito decorre do próprio sacramento do batismo. No entanto, a modalidade de apostolado oficial em determinada diocese dependerá de leis particulares emanadas pela autoridade eclesiástica competente. O direito constitucional canônico interessa-se sobreposse com o núcleo do direito ao apostolado, prescindindo da acidentalidade, a qual decerto fomenta a legislação ordinária ou infraconstitucional tremendamente importante, mas não absolutamente necessária para o gozo do direito constitucional. Esse fato se verifica mais correntemente no âmbito dos deveres e direitos subjetivos dos fiéis, pois o exercício do poder público reclama certa gama de leis infraconstitucionais imprescindíveis. Com efeito, outro exemplo espancará as dúvidas. O papa Francisco, muita vez, aventou a importância de se repensar o exercício do ministério petrino. São João Paulo II igualmente cogitava mudanças nesse campo. O núcleo constitucional dogmático advém da injunção de nosso Senhor ao primeiro Papa: "O que ligares na terra será ligado nos céus e o que desligares na terra será desligado nos céus" (cf. Mt 16,19). Nada obstante, a forma ou modalidade específica de o primeiro Papa e os sucessores cumprirem a ordem do divino fundador varia – nos acidentes e não na essência! – de acordo com as características dos tempos. Todavia, eventuais transformações só poderão ser acidentais ou contingentes, porquanto o núcleo constitucional, que é dogmático, é intangível.

Não se sabe ao certo se eventual constituição escrita da Igreja, a *Lex Ecclesiae Fundamentalis*, importaria mais benefícios ao povo de Deus. O fato é que não avançou o projeto de publicar a indigitada constituição jurídica. De qualquer modo, como estudamos neste livro introdutório, a constituição ou lei fundamental da Igreja, parte integrante do ordenamento jurídico, porta normas de validade superior aos códigos canônicos e às leis esparsas ou extravagantes, malgrado determinados preceitos constitucionais se alberguem, escrituralmente, nos próprios códigos canônicos.

Exatamente por não existir constituição escrita na Igreja, como há na esfera civil, o estudo aturado do direito constitucional canônico torna-se muito importante, a fim de expor aos fiéis a substância jurídica fundamental de seus direitos e deveres, criando no grêmio da Igreja fenômeno que nomearíamos como "cidadania laical", vez que os leigos comportam 99,99% dos membros da Igreja católica.

Os eclesiásticos incumbidos de exercer o poder na Igreja haurem do estudo do direito constitucional canônico a sapiência para detectar o essencial jurídico, protegendo-o e diferençando-o do acessório normativo. Talvez uma constituição escrita, acessível a qualquer fiel, como a Constituição Federal do Brasil, auxiliaria bastante no cumprimento dos deveres e exercício dos direitos fundamentais para se viver cristãmente neste mundo. Porém, por enquanto, não dispomos de constituição jurídica escrita, nos moldes da constituição do Estado.

BIBLIOGRAFIA

Bíblia de Jerusalém. Paulus, São Paulo, 2002.

Catecismo da Igreja Católica, Vozes e Loyola, São Paulo, 1993.

Codex Iuris Canonici (CIC). Libreria Editrice Vaticana, Vaticano, 1983.

Constituição dogmática *Lumen gentium*. Compêndio do Vaticano II, Vozes, Petrópolis, 1986.

Constituição dogmática *Dei verbum*. Compêndio do Vaticano II, Vozes, Petrópolis, 1986.

Decreto *Apostolicam actuositatem. Compêndio do Vaticano II, Vozes, Petrópolis.*

Rerum novarum. Leão XIII Documentos da Igreja, Paulus, São Paulo, 2005.

Compêndio do Catecismo da Igreja Católica, Paulus, Loyola, São Paulo, 2005.

Acordo Brasil-Santa Sé, Edições CNBB, Brasília, 2014.

Nota Doutrinal sobre Algumas Questões relativas à Participação e Comportamento dos Católicos na Vida Política. Congregação para a Doutrina da Fé, 2002.

Documento de Aparecida, Edições CNBB, Paulus, Paulinas, São Paulo, 2007.

Documento 105 da CNBB, Edições CNBB, Brasília, 2016.

Santo Tomás de Aquino, *Suma Teológica*, Loyola, São Paulo, 2005.

São João Paulo II, *Ordinatio Sacerdotalis*, de maio de 1994 (site do Vaticano).

Papa Francisco, exortação apostólica pós-sinodal *Evangelii Gaudium*, Paulinas, 2013.

Diretrizes Gerais da Ação Evangelizadora da Igreja no Brasil, objetivo geral (2015-2019). Documentos da CNBB 102. Edições CNBB, Brasília, 2015.

Agar, J.T.M. *El derecho de los laicos a la libertad en lo temporal*, in: *Ius Canonicum*, 26 (1986), n. 52.

Aquino, Francisco Felipe. *Cartas Pastorais*, Arquidiocese de Cuiabá, Cuiabá, 1942.

Bastos, Celso. *Curso de Direito Constitucional*, Saraiva, São Paulo, 1988.

Bartmann, Bernardo. *Teologia Dogmática*, Edições Paulinas, São Paulo, 1962.

BUARQUE DE HOLANDA, Aurélio. *Novo Aurélio – Século XXI – Dicionário da Língua Portuguesa*, Nova Fronteira, Rio de Janeiro, 1999.

Cenalmor, Daniel. *El Derecho de la Iglesia* (Co-org.: Jorge Miras). EUNSA, Navarra, 2004.

Cifuentes, R.L. *Relações entre a Igreja e o Estado*, Editora José Olympio, Rio de Janeiro, 1989.

Congar, Yves M-J. *Jalones para uma teologia del laicado*, Editorial Estela, Barcelona, 1963.

Goyret, Philip. *Obispo. Diccionario General de Derecho Canónico*, (orgs: Javier Otaduy, Antonio Viana e Joaquim Sedano), vol. V, Thomson Reuters Aranzadi, Universidade de Navarra, Navarra, 2012.

Hervada, Javier. *Elementos de Derecho Constitucional Canónico*. Eunsa, Pamplona, 2014.

Joblin, J. *L'Eglise e la consctruction de la paix, L'étape de Gaudium et spes*, in: "Gregorianum" 91/1 (2010).

Kreutz, I. J. *A paróquia: lugar privilegiado da pastoral da Igreja*, Loyola, São Paulo, 1989.

Mancini, R. *La laicità come metodo*, Cittadella Editrice, Assis, 2009.

Manzanares, J. *Vocacion y Mission de los Laicos*, in: *Atas da XI Jornada de Direito Canônico*, Fátima, Portugal, 2003.

Marzo, A. *Apostolado Laical Individual*, "Ius Canonicum" 26 (1986), n. 52.

Messner, Johannes. Ética Social, Editora Quadrante, São Paulo.

Molano, Eduardo. *Derecho Constitucional Canónico*, EUNSA, Pamplona, 2013.

Moreno, J. M. D. *Los fieles cristianos y los laicos*, in: *Derecho Canónico, I: El Derecho del Pueblo de Dios*, ed. M. M. Cortés Diéguez e J. San José Prisco, BAC, Madri, 2006.

Rops, Daniel. *A Igreja da Renascença e da Reforma*, vol. I, Quadrante, São Paulo, 1996.

Rosa, Luigi. *A "Lex Ecclesiae Fundamentalis", in* "Problemas e Perspectivas de Direito Canônico" (org.: Ernesto Cappellini). Edições Loyola, São Paulo, 1995.

Sampel, Edson Luiz. *Princípios Constitucionais Fundamentais* (orgs.: Carlos Mário da Silva Velloso, Roberto Rosas e Antônio Carlos Rodrigues do Amaral). Lex Editora, São Paulo, 2005. A responsabilidade cristã na administração pública", E. L. Sampel. Paulus, 2011.

Silva, José Afonso da. *Curso de Direito Constitucional Positivo*, Malheiros, São Paulo.

Starnlino, R. N. *Direito Eclesial: instrumento da justiça do Reino.* Paulinas, São Paulo, 2004.

Trese, Leo. *A Fé Explicada*. Quadrante, São Paulo, 2011.

Este livro foi composto com as famílias tipográficas Adobe Caslon Pro e Nofret
e impresso em papel Offset 63g/m² pela **Gráfica Santuário.**